人際管理三部曲(2)
自信溝通
Assertive Communication

勇敢表達自己意見，
即使生氣也可以不傷人的溝通技術

アサーティブ・コミュニケーション

戶田久實——著
劉愛夌——譯

作者序

「要怎樣才能建立心理安全感呢？」

「我怕別人覺得我在『職場霸凌』，所以在公司有話也不敢直說，請問該怎麼解決這個問題呢？」

「要怎麼做才能提升自己的對話能力，建立讓雙方都感到自在的良好溝通呢？」

——每天都有人向我們諮詢這類問題。

這幾年，人們的工作方式因爲疫情而產生了很大的變化，再加上日本的中小企業於二〇二二年四月開始跟隨大企業的腳步，擴大了職場霸凌防治法的保障範圍，職場上的對話能力（尤其是主管階級）更顯得舉足輕重。

在這樣的大環境下，大眾開始注意到「自信溝通」的重要性。所謂的自信溝通（assertive communication），是指在尊重彼此立場和主張的前提下表達自己的意見。一九五〇年代，美國心理學家沃爾皮（Joseph Wolpe）研發出名爲「行動治療」的心理療法，而自信溝通正是其中一種。這種溝通法起初主要用於輔導以下兩種人：

- 不擅表達自我、害怕社交者。
- 人際關係不順者。

之後美國在一九七〇年代到一九八〇年代的人種性別平權運動中，開始以自信溝通法對人們進行溝通訓練，因而開始廣傳。日本也在一九八二年由平木典子老師於日本精神技術研究所推出相關訓練（《改訂版自信訓練》（『改訂版アサーション・トレーニング』），金子書房出版），自信溝通法這才成爲備受矚目的新式溝通法。

其實早在二十年前，社會大眾就已出現對這類課程的需求，先不說別的，我一年四季都會收到相關課程的授課委託。尤其是這兩、三年，人們為了防止職場霸凌發生、建立心理安全感，學習自信溝通法的需求更是節節攀升。

在課程中，我會帶大家追求下列三個目標：

● 將自己的感受與想法坦率地傳達給對方。
● 不受到自己或對方的情緒影響，在不怪罪自己或對方的情況下表達。
● 即便對方與自己價值觀相異，也願意傾聽並與對方討論。

要做到「傳達給對方知道」，你需要的可不只是遣詞用句和表達技巧。

本書除了技巧層面，也會帶大家從心理層面切入，像是心中是否以對等的方式看待對方、是否受到主觀印象的影響、憤怒等情緒是否讓你迷失了目標等等。

在溝通訓練的過程中，我除了教授相關知識，還會帶大家設計情境，進行角色扮演等練習。

來聽聽學員在實際上過我的角色扮演課程後怎麼說——

「上完課後，我發現生在這個多元化時代，溝通一定要懂得變通。」

「這堂課讓我明白，溝通必須跳脫傳統上下尊卑的隔閡，在心中以對等的關係看待彼此。」

「原來只要換個表達方式、用不同的方式看待對方，對方的反應就會有所不同。」

「上完課後，我發現自己在表達上有不少壞習慣，常抱持先入爲主的負面觀念與對方溝通。」

只要你願意改變看待的角度，對方自然會用不同的方式接受你，進而改變溝通目標。

有次我到某家企業開課，一位員工上完課後表示：

「既然我能改掉長年以來的溝通壞習慣，就代表公司團隊一定也能有所改變，而且必須改變。」

隨著職場霸凌防治法的施行，溝通技巧已然成爲大小企業的必修功課，拙作《憤怒管理》（アンガーマネジメント，中文版由晨星出版）也獲得了不少讀者朋友的支持。

「憤怒管理」是美國於一九七〇年代開發出的心理訓練法，教人如何與憤怒共處，其目的並非想辦法不要生氣，而是學會如何適當地在必要時發怒，沒有必要就不要動怒。

美國的憤怒管理訓練內容也包括了自信溝通的技巧和概念，以幫助受訓者表達自己的想法。

很多人在上過我的憤怒管理課程後，進一步出現了以下疑問——

「學會憤怒管理後，要用什麼樣的方式與人溝通呢？」

「當我判斷自己有必要生氣時，該如何表達憤怒呢？」因爲實在太多人問這類問題了，所以我才決定寫這本書，作爲《憤怒管理》的下一階段指南書。

本書收錄了許多常見的煩惱和各種案例，並教導如何去處理面對，讓你很快就能學以致用，現學現賣。

即便位階不同，只要能在心中對等以待，就能在溝通時互相尊重。自信溝通法不僅能減輕你自身的負擔，還能自然而然地凝聚團隊向心力，讓公司上下團結一心。

溝通能力是可以學的，希望本書能夠助各位一臂之力。

讓我們一起磨練對話技巧，打造良好的人際關係吧！

二〇二二年七月　戸田　久實

#《自信溝通》目錄

第2章　為「自信」做好萬全準備　59

第3章 小心「無意識偏見」的影響！ 97

第4章 自信溝通的技巧

第1章

什麼是自信溝通？

1 自信溝通很重要嗎？
～如何建立心理安全感？～

「心理安全感」：提升公司生產力的重要關鍵

各位最近應該常聽到「心理安全感」這個詞吧？

所謂的心理安全感，是指「在職場上無論對誰都能夠毫無顧忌地發表意見」的狀態。Google從二〇一二年到二〇一六年推出了一項大規模職場改革計畫，其結果顯示：

「心理安全感是提升公司生產力不可或缺的要素。」

此結論一出，心理安全感立刻成爲大小公司的矚目焦點，市面上也出現許多心理安全感的相關書籍，其中也包括艾美·艾德蒙森（Amy C. Edmondson）教授、石井遼介先生等人的作品。

如今人們的價值觀愈來愈多元。

以往日本公司只在畢業季招募新血，採取的也是論資排輩的終身雇用制；如今換工作已逐漸成為常態，我們每天都在多元價值觀之中求生存。

在這樣的大環境下，人們開始注意到心理安全感的重要性，心理安全感這個詞也在短時間內廣為流傳。

關係對等才能建立心理安全感

問題來了，要如何才能建立心理安全感呢？

答案就是「溝通能力」。

很多人對於「該如何建立良好的雙向關係」這個問題都是一個頭兩個大。

也因為這個原因，很多企業組織開始引進「自信溝通」的概念和技巧。

本書除了列舉溝通的「技巧」，還會教各位應用什麼樣的「心態」與人來往，建立彼此相互理解的關係。基本上，要做到自信溝通，你必須建立下述三種心態：

- 即便與對方意見相異、價值觀有所不同，也要做到互信互重，進行有建設性的討論。
- 雙方都能夠暢所欲言，坦率說出己見，毫無顧忌地闡述想法。
- 即便發現有錯，也能夠以對等的態度進行對話。

關於這三點，我們將在下一節詳述。

自信溝通：建立心理安全感的良方

你是否經常這樣想呢——

「我這樣說會不會很奇怪啊？」

「我的想法一定是錯的……」

「人家一定不會把我這種小咖的意見當一回事……」

事實上，這些想法正是阻擾自信溝通的罪魁禍首。只要養成自信溝通的心態並學會相關技巧，就能夠一次解決這些問題，讓職場上的意見交流更加熱絡。

沒錯，想要在組織和團隊建立心理安全感，自信溝通就是這麼有效。

2　只注重「資訊分享」的時代已經過去了

一對一面談，你需要的是自信溝通

現在很多公司都讓上司和下屬採用「一對一面談」的溝通方式，這時就一定要具備自信溝通的觀念和技巧。

在一對一面談時，上司必須引導下屬說出眞正的想法，在下屬遇到煩惱或問題時給予適當建議。因中間一定會牽扯到上下從屬關係，導致上司有時說話態度高高在上，或固執己見。

在這樣的情況下，下屬很容易因爲過於顧忌而無法說出眞正的想法，這麼一來，不僅糟蹋了得來不易的溝通機會，也辜負了公司安排一對一面談的美意。

「自信溝通」能幫助我們跳脫上下尊卑的框架，以對等的角度向彼此表達想法，無論你是上司還是下屬，要在職場裡溝通無礙，就一定要學會這套技巧。

溝通不僅僅是分享資訊

在遠距工作成爲主流後，許多企業開始透過即時通訊功能或電子郵件來報告和聯絡事項、分享資訊。但就溝通而言，光這麼做是不夠的。

為什麼呢？因為我們平時在與人相處時，都會想像對方現在的心情如何。只有坦率地去分享彼此的狀況，才能拉近心的距離。

職場也是同樣道理，同事之間必須透過對話來釐清對方的價值觀，像是對方注重什麼，或得知彼此的感受，像是：

「現在不知該如何處理某項工作。」

「客戶說了某些話，讓我很擔心。」

「今天身體很不舒服，目前已累得半死。」

也就是說，如果企業多用通訊軟體、電子郵件作為溝通工具，讓溝通只剩下報告和聯絡事項等資訊分享，將減少拉近「心距」的機會。

我到企業教課時，常有學員跟我說：

「開始遠距工作後，有時想要向同事分享一些小事，像是被某人稱讚很高興、客戶說了某些話讓我感到很幸運、很擔心某件事之類的，都不知道該怎麼開口……」

有些人則表示遠距工作讓他們感到孤獨空虛。

在這個遠距工作愈來愈發達的時代，我們更需要與人分享小事、坦率表達自己的感受，「刻意」地去與人交談。

3 你的自我表達方式是哪一種？

攻擊型自我表達

除了自信型自我表達，還有攻擊型自我表達，以及消極型自我表達。

接下來要請各位回顧一下自己的表達方式，釐清自己經常使用哪種表達方式，在哪些場合又習慣使用哪種表達方式。

攻擊型自我表達是「用打壓對方來堅持己見」。簡單來說，就是不打算透過對話或討論來解決問題，而是設法支配、制服對方來讓自己處於上風。該類型認為「溝通的目標是贏過對方」，有些人甚至會在發現對方的意見、想法、期望與自己不同時，馬上變得劍拔弩張。

你平常在表達時有以下情形嗎？

- 自顧自地闡述意見，強迫對方接受自己的想法。
- 因不肯讓步而變得十分強勢或情緒化。
- 不願聽對方說話，無視對方感受。
- 得理不饒人（想方設法辯贏對方，不給對方反駁的餘地）。
- 不合己意就強迫對方服從，例如怒罵對方：「少廢話！乖乖聽話就對了！」
- 用職位權力來威嚇、支配對方。

●以「這是規定！」逼人就範，也不好好向對方解釋。

這類人在責備下屬或後輩時，一般都是很情緒化地破口大罵，像是：

「這已經不是你第一次犯這種錯了！」

「上次你也是一直道歉說不會有下次了，結果呢？你一定是不夠用心，否則這種錯怎麼會一犯再犯？」

即便對方已經在反省了，還是咄咄逼人，用言語攻擊對方。

有些案例甚至會在不順心時遷怒出氣，做出用力甩門、踢東西、拍桌，或大聲嘆氣、「嘖」地發出咂嘴聲、發出很大的聲響等等擾人行爲。

這種做法只有在極少數的情況下能讓事情順心如意，大多時候都只會讓人感到畏縮，甚至讓對方心生怨懟。

這樣當然無法建立起信任關係，更別提打造一個有心理安全感的職場了。

你是否對人發動了「被動式攻擊」？

各位聽過「被動式攻擊」這個詞嗎？

這個詞的英文爲「Passive Aggression」，「Passive」是「被動的」，「Aggression」是「攻擊」之意，合起來就成了聽起來有些矛盾的「被動式攻擊」。

下列這些非直接攻擊人的言行，都屬於「被動式攻擊」——

- 不趕快完成人家交代的事，一拖再拖造成對方麻煩。
- 扯人後腿，給團隊添亂。
- 在背後說人壞話。
- 只要有人拜託你做事，就故意唉聲嘆氣，擺臭臉表達不滿。
- 拿東西出氣，像是打字時用力敲鍵盤。
- 刻意忽略某人，不跟某人說話。

●未完成工作交接就惡意離職，讓同事大傷腦筋。

上述行爲乍看之下或許不具攻擊性，但其實都屬於攻擊行爲。

這類行爲不只發生在職場，也會發生在私生活中。舉例來說，A因爲另一半B不幫忙做家事而心生不滿，像這種情況，A應該要直接告訴B：「我希望你可以幫忙洗碗。」

然而，A卻沒有直說，而是在心裡暗罵道：「我上一整天的班已經累得半死，回來還要伺候你吃飯，爲什麼你可以悠悠哉哉在那邊看電視？這種時候應該要自己主動過來幫忙吧？傻眼欸……」

A很不高興B沒有察覺他的不悅，於是便擺著一張臭臉，不時大聲嘆氣，故意發出很大的聲響……。

在沒有明說的情況下，別人當然搞不清楚你到底在生什麼氣。經歷太多次這種「無言的抗議」後，對方只會覺得你很難搞，進而跟你保持距離，盡可能地減少與你接觸。

另外，這類型的人離職時大多都是心懷怨恨，他們不會明確說出自己的不滿，而是在把整個辦公室搞得烏煙瘴氣後就拍拍屁股走人，讓留下來的同事收拾爛攤子。

這麼做會讓其他人產生罪惡感，懷疑自己是不是做錯了什麼，進而怪自己不該惹對方生氣。

事實上，這正是這類人發動被動式攻擊的其中一個目的，即便他們無意爲之，這些行爲還是會傷害到別人。

在這裡要告訴大家，這樣是無法與人建立牢固的信任關係的。

事實上，無需劍拔弩張，一樣可以向人表達自己的意見！

如果你常對人發動上述的被動式攻擊，請務必重新審視什麼才是溝通的目標，學習其他的表達方式。如果你經常遭受被動式攻擊，本書也會教你如何見招拆招，還請繼續看下去。

消極型自我表達

消極型自我表達是「透過壓抑自己來抬舉他人」的一種自我表達方式。

你說話經常有所顧忌嗎？像是：

「如果我這麼說的話，別人會怎麼看我？」

「還是別說好了，免得惹得一身腥。」

「算了吧，反正說了對方也不懂。」

「我表達能力那麼差，還是少說話爲妙。」

消極型表達有以下四個特徵：

- 說話過度謙虛，常爲保護自己而找藉口。

- 說話拐彎抹角。
- 難以啓齒就只說一半。
- 一再忍氣吞聲，忍無可忍才發飆暴走。

這種類型的人大多有話也無法直說，說了又很怕對方聽不懂。

舉個例子，主管要求你把文件整理好，然而正當你準備整理時，某前輩卻一臉不悅地對你說：「你不要亂動這些文件好嗎？這樣我會不知道東西放哪裡。」

當下你屈服於他的淫威，沒有及時說出是主管要你整理的，之後便在心裡留下了疙瘩，而且愈想愈生氣：「兇什麼兇啊……」而這份憤怒也進而轉爲對前輩的厭惡。

相信很多人都有類似的經驗吧？

消極型自我表達的人基本上很難直言不諱，比方說，面對未能如期交出成品的同事，他們不會直接要求對方「準時交」，而是採取以下的溝通方式：

【拐彎抹角】

「請問上次我拜託你的那份文件，現在進度到哪了呢？」

「我想你應該很忙，所以關心一下進度。」

「我不是在催你，千萬別誤會喔。」

「我只是問一下，因爲已經過了當初約好的時間……」

【話只說一半】

「上次我拜託你的那份文件，已經超過期限囉……」

看到這裡，你是否也感到心有戚戚焉呢？這種有話無法直說的類型，比其他人更容易累積心理壓力。

「生氣＝壞事」的負面印象

消極型自我表達的人一般對「生氣」抱有以下負面印象：

- 生氣是壞事，缺乏體面又不夠成熟。
- 生氣會傷害別人。
- 生氣會被對方討厭，導致關係惡化。

這導致他們在責備他人或希望他人改進時，會有以下先入爲主的觀念：

「他會不會對我擺臭臉？」
「如果我們的關係因此惡化怎麼辦……？如果他對我心生不滿呢？」
「他會不會覺得我很小心眼啊？」

「這種狀況，我一定會辭不達意……」

在這些負面想法的驅使下，他們才會採取消極型的表達方式。

但其實很多時候就只是他們想太多了。生氣本身並不是壞事，重點在於表達的方式是否適當。只要將這些負面想法拋諸腦後，溝通方式也會產生一百八十度大轉變。

溝通時請務必具備以下信念——

「適當的言詞必能達意。」

勿責怪，勿發飆

消極型自我表達的人經常會責怪自己，像是：「我那時候應該要這樣說的……」「我怎麼表達得那麼差啊……」

但其實這種想法只會讓事情變得更加複雜，因爲自責的情緒會累積在心底，進而從責怪自己昇華爲責怪他人，像是：

「他爲什麼就是不懂呢？應該要主動察覺我的心情啊！」

「我爲了你忍氣呑聲！你呢？」

直到有一天忍無可忍的時候，壓抑至今的所有忍讓和憤怒等情緒，便會一口氣爆發出來。

一旦事情到了如此地步，當事人就無法了解事情爲何會變成這樣、對方到底要表達什麼，反而模糊了焦點。

有些人即便忍住了一時，沒有對當事人發飆，也會遷怒到其他更好「欺負」的對象身上，還請大家特別注意。

一段優質的關係，雙方一定要能夠互相溝通，讓對方知道哪些事可以做，哪些事不能做。

而要做到這一點，就一定要學會「不責怪溝通」，既不責怪自己，也不怪罪他人。

因擔憂而消極

「對方聽到我這麼說會怎麼想？」

你是否也經常有這樣的擔憂呢？事實上，不坦率說出想法不僅會導致自己「壓力山大」，對別人也無疑是一種負擔。

我到企業教課時曾問學員：「當別人採取消極型表達方式，你有什麼感覺？」他們的回答如下：

- 有話何不直說？
- 不知如何是好，不知道他們到底想表達什麼。
- 覺得不耐煩。

- 感到很煩躁，可能會逼對方把話說清楚。
- 覺得自己在這段關係中佔了上風，可以操縱對方。
- 我會感到很難過，覺得對方是因爲不信任我才這樣。
- 覺得對方很狡猾，有話不肯明說，還要我自己察覺。

消極型表達的人之所以採取迂迴的表達方式，是因爲他們不想破壞雙方的關係，但由上述回答可看出，這樣的表達方式反而會導致人際關係惡化，讓對方勞心費神、感到困惑、不耐煩，甚至讓對方產生敵意，或騎到你頭上。

「改變表達就能改善互動！」

——這是我許多學員的課後感想。如果你也有以上狀況，請務必接受自信溝通訓練。

自信型自我表達

「自信型自我表達」是一種尊重雙方意見和立場的表達方式。

簡單來說，就是在不責怪自己和他人的情形下，坦率而誠實地說出自己的感受和想法。在接下來的章節中，我會一一爲各位講解自信型自我表達的方法內容。

看完前面三種自我表達類型的介紹，你知道自己平常屬於哪種溝通方式了嗎？

自信溝通非常注重「自我覺察」。

只要隨時把這件事放在心上，就一定能有所自覺，並進一步改進。

發現自己採取了不好的溝通方式時，如果你溝通的對象是可以老實說的人，你可以直接向他道歉：「抱歉我剛才太衝了。」

●三種自我表達

自信型自我表達＝尊重雙方意見和立場

↓

互相尊重，建立互信關係

攻擊型自我表達＝透過打壓對方來堅持己見

↓

導致對方心生畏懼，或產生反彈心理

消極型自我表達＝透過壓抑自我來抬舉對方

↓

讓對方勞心費神或不耐煩

改變溝通的三步驟，就是銘記在心、有所自覺、改變言行。

另外要提醒大家，一個人可能呈現多種表達類型，依據不同的對象和情形而改變表達方式。我認識一個五十幾歲的男學員，他在家很怕老婆所以表達得十分消極，在外則屬於攻擊型。

這在公司也十分常見，很多人在主管面前是消極型，對下屬卻是攻擊型。

人無完人，我們不可能隨時隨

地都平等對待每個人。在這樣的情況下，「自我覺察」就顯得格外重要，還請各位務必回顧自己的言行，釐清自己在面對各種人事物會採取何種表達方式。

4 自信溝通與憤怒管理

憤怒管理不可或缺的環節：自信溝通

「憤怒管理」是美國於一九七〇年代開發出的心理訓練法，訓練人們如何與憤怒相處得宜。

這裡說的「相處得宜」，並不是強迫人不生氣，而是做到以下兩個目標——

- 對有必要生氣的事採取適當的生氣方式。
- 沒必要生氣的事就不生氣。

而要做到「採取適當的生氣方式」，就一定會用到自信溝通的技巧與概念。

國際憤怒管理協會的總部位於美國，該協會選出了全球僅十五名的最高等級訓練師，而其中只有一個亞洲人，那就是一般社團法人日本憤怒管理協會的代表理事——安藤俊介。他表示，美國的憤怒管理訓練中就包括了自信溝通。

適當釋放怒氣，不憋在心裡

人在生氣時做事很容易偏離本意，進而忘了原本的目的。

相信各位在生氣時應該多少有過以下經驗：

- 言行變得情緒化。
- 雙方惡言相向。
- 說出不該說的話，不小心說得太過火。
- 偏離原本溝通的主題。

事後才後悔剛才不該那樣說，沉浸在深深的自我厭惡與罪惡感之中。

此外，有些人不習慣感到或表達憤怒，認爲生氣是一件不好的事，一味壓抑自己。

也因爲這個原因，常有學員後悔事情發生時沒把話說清楚，當下卻又不知道該怎麼表達，或不斷將怒氣往肚裡吞，悶在心裡都快憋壞了。

只要將憤怒處理得宜，自然就能建立健康的人際關係。而要做到這一點，就一定要學會憤怒管理和自信溝通。

懂得與憤怒共處，就沒有其他情緒難得倒你了！

5 憤怒管理技巧

用「思緒控管（三層同心圓）」畫出界線

前面提到，憤怒管理的目標爲「對有必要生氣的事採取適當的生氣方式，沒必要生氣的事就不生氣」。

管理憤怒的第一步，就是分清楚「有必要生氣的事」和「沒必要生氣的事」。

首先請大家思考一個問題，人爲什麼會生氣呢？

生氣是人在事情不如「己意」時產生的情緒，這裡的「己意」是指「你認爲應該要怎樣」，包括了理想、願望、期待、不可退讓的價値觀。而管理憤怒不可或缺的一環，就是爲「有無必要生氣」訂定一條明確的界線。

●思緒控管（三層同心圓）

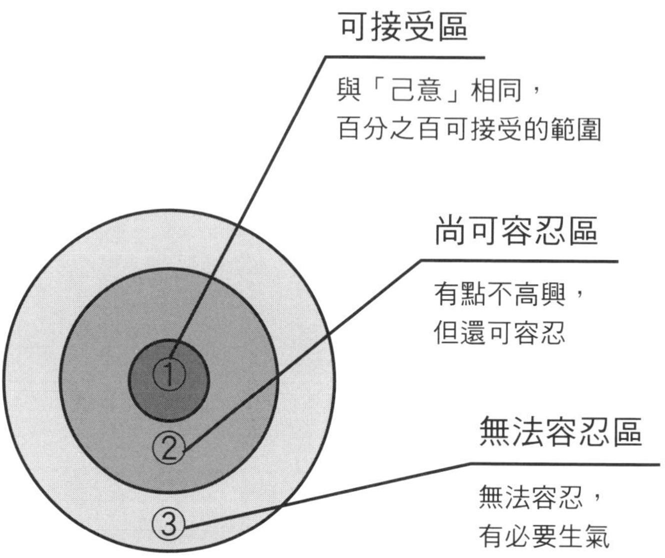

出處：日本憤怒管理協會

憤怒管理法的技巧之一，是在感到憤怒時試著用「我希望你～」這種請求的句型來表達想法，像是「我希望你是這樣的」，或「我希望你能這樣做」。

不過，即便在沒有生氣的情況下，大多人在表達相關訴求時，還是會疑惑要說什麼，又要說到什麼程度。

在表達自己希望對方該怎麼做，或告訴對方自己的可接受範圍時，可使用上面的「思緒控管（三層同心圓）」來界定出明確的範圍。

①　可接受區……與「己意」相同，百分之百可接受的範圍

②　尚可容忍區……超出①的範圍，雖然有點不高興，但還可容忍

③　無法容忍區……無法容忍，有必要生氣。

在憤怒管理中，②和③的界線就是判斷有無生氣必要的分界。

首先請各位設定「②尚可容忍區」的範圍，只設定①會導致容忍範圍過小，「踩雷」的風險變高，讓人心浮氣躁。

在設定②時，可使用「最低限度」的詞彙，像是：

「起碼要○○」

「至少也要做到○○」

「有○○就好」

注意，不要使用「好好地」、「認眞地」、「仔細地」、「早（快）點」這種曖昧的字眼來界定範圍，這樣對方才能正確掌握你的「雷區」。

有些人的界線會隨著當下的心情和氛圍而改變，爲避免這樣的情形，請務必使用三層同心圓來定出明確的界線，進一步判斷以下事項：

- 希望對方怎麼做、希望得到什麼。
- 可接受和不可接受的範圍。
- 要說還是不說。

如果在②和③之間猶豫不決，可依據「事後會不會後悔」來作爲判斷基準。

事實上，「不說」也是自信溝通的選項之一。

只要不會後悔，判斷爲沒必要說，就可以選擇不說。

做決定時應負起責任，無論結果如何，都不可怪到別人頭上。

整理思緒的好幫手：三層同心圓

這裡要介紹一個眞實例子。年近四十的A先生在某企業營業部門工作。他的團隊是輪流遠距上班，並使用公司內部的通訊軟體來聯絡工作事項。有一次他來向尋求我的意見——

「我們團隊有八個人，平常都是各忙各的，很難見上一面，所以共享資訊也顯得格外重要。然而，每次我在通訊軟體上傳工作訊息，其他人頂多就是按個讚而已。我認爲這種時候應該要提出意見，怎麼會只有按讚呢？這讓我很不能接受！」

經過詢問，A先生告訴我，他並沒有把這件事告訴團隊成員。話憋在心裡讓他看起來壓力很大，於是我請他用三層同心圓分出他對成員「可容忍」和「無法容忍」的範圍。

①　針對發布的工作事項闡述想法或給予建議。

②　成員可能在忙，無法發表長篇大論，但至少要發個簡短的回應，像是「謝謝告知」、「好的，我會做做看」等等。

③　毫無反應，或只按讚。

清楚劃分出範圍後，A先生逐漸有了頭緒。

這麼一來，在進行自信溝通時，他就能避免抽象的表達方式：

×「希望各位在我分享工作資訊時可以好好回覆。」

而是更具體地告訴對方：

○「我有個建議，希望各位可以在同仁分享工作資訊時提供想法或建議，我知道大家有時候很忙，但至少要發個簡短的回應，像是『謝謝告知』、『好的，我會做做看』等等，不要只是按讚或毫無反應。」

A先生在開會時提出上述意見後，果不其然，同仁都做出了改變。

下次要表達自己的要求時，請試著用三層同心圓來整理思緒，定能事半功倍。

憤怒記錄

除了前述的三層同心圓，「憤怒記錄」（anger log）也十分有效。各位在感到憤怒時，可將以下資訊寫在憤怒紀錄表上：

- 時間
- 地點
- 生氣的對象
- 當下的感覺和想法

這麼一來，就能從客觀角度分析自己的憤怒有何特性。

實際寫出來有助於釐清憤怒當下在想什麼，以及希望對方怎麼做。也因爲這個原因，很多人在執行此法後，便懂得如何在生氣時闡述自己的想法和要求。

我在企業上自信溝通的研修課程時，在實際進入角色扮演練習前會先請學員列出以下三點，記錄自己想傳達的內容：

- 想對誰傳達什麼訊息？
- 希望對方怎麼做？
- 爲什麼要這樣做？

建議大家在塡寫憤怒紀錄表時，可寫下當時其實想告訴對方什麼，將目的、原因、事發背景等項目一併記錄下來。這樣能幫助我們俯瞰整個狀況，進一步釐清思緒。

要別人懂你之前，你一定要先搞懂自己。尤其在火冒三丈時，更不能被怒氣沖昏頭，而是先整理出自己要講什麼，然後傳達給對方知道。要得當地處理怒氣，就必須客觀掌握整體狀況。

只要善用這些方法，就能釐清溝通目標，進而改變表達方式，帶給對方全然不同的感受。

本章重點

☑ 自信溝通的功效
- 於職場建立心理安全感
- 為一對一面談或遠距工作打造更優質的互動

☑ 自信溝通的要點
- 尊重自己和對方的表達方式
- 成為自信溝通者，需要技巧，也需要向對方真誠以待
- 有時可以選擇「不說話」

☑ 三種自我表達類型
- 攻擊型自我表達、消極型自我表達、自信型自我表達
- 審視自己在哪些情況下屬於何種表達類型

☑ 攻擊型自我表達
- 用打壓別人來堅持己見
- 溝通的目的是贏過對方
- 應特別注意是否對人發動「被動式攻擊」，間接傷害他人

☑ 消極型自我表達
- 透過壓抑自我來抬舉對方
- 一而再再而三的消極型表達會讓對方感到不耐煩，甚至產生敵意。
- 應停止先入為主的負面想法

☑ 自信溝通與憤怒管理的關係
- 學會自信溝通才能夠「適當地生氣」
- 人一生氣就容易偏離本意
- 用憤怒管理中的三層同心圓來界定「說與不說」的範圍

第2章

為「自信」做好萬全準備

1 自信溝通的大忌：操控別人與過度謙虛

接下來的時代特別講求自信溝通，在互相尊重意見的前提下闡述想法。

什麼是「對等」的溝通？

要做到自信溝通，首要條件就是「對等相待」。

尤其職場上有職位、處境、資歷、專業程度等條件上的差異，在這種尊卑分明的環境下溝通，更要注意是否有關係不對等的問題。

請注意，這裡說的「對等」，可不是要你目無尊長、說話不知分寸，而是建立對等的心態。

具體而言，就是和位高資深的人溝通時，跳脫以下傳統觀念：

- 位低資淺者沒資格闡述想法

●什麼是「對等」的溝通？

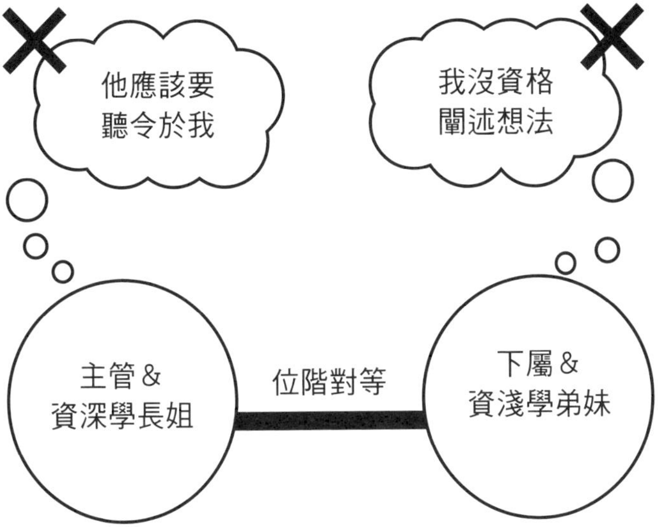

- 位低資淺者不可提出質疑或反對意見
- 位低資淺者不可要求改正問題

這時應該在內心告訴自己：「我與對方在溝通時是對等的！」

相反的，當你屬於位高資深的那一方時，則應排除以下想法：

「我的看法才是正確的。」

「對方本來就應該聽我的話，對我唯命是從。」

請隨時提醒自己，即便位階不同也應當互相尊重，各抒己見，切勿過度退讓，或去支配、強迫對方。如此才能達到「內心對等」的狀態。

為什麼人家老是搞不懂你在說什麼？

「對等的心態」是「自信溝通」成立的必要條件，徒有話語是不夠的，心態也要調整好才能言詞達意。

很多人在表達意見時，內心總是惶惶不安，導致退縮不前：

「以我在公司的處境，有資格這麼說嗎？」

「像我這種資歷尚淺的小咖，這樣說會不會太自不量力了？」

這種負面的溝通心態，會讓對方比起你說話的意思，更注意到你的心思。

你是否有過這樣的經驗呢——努力歸納出一套說法來陳述己見，講了半天對方卻無法意會，一副沒聽懂的樣子。

之所以會這樣，是因爲讓對方印象深刻的並非你的說話內容，而是你那戰戰兢兢、毫無自信、彷彿已然放棄的態度。在這樣的情況下，人家當然很難把你說的話聽進去。成功的溝通不僅要言之有物，心態也是非常重要的。

你的傲慢，別人都看在眼裡

別人能感受到你的畏縮，自然也能感受到你的傲慢。

即使話沒有直接罵出口，只要在心中暗想：「這人在講什麼鬼東西啊？」「說什麼聽不懂啦！乖乖閉嘴聽我說話好嗎？」對方一樣能感受到壓迫感。如果對方的個性比較敏感，甚至還可能解讀成你在逼人就範。

在這種情況下，又怎麼能彼此眞心信任呢？每個人都是不同的個體，要建立良好的溝通、建立職場心理安全感，就一定要尊重自己也尊重別人。

2 這麼做才能「相互信任」

尊重彼此意見才能建立信任關係

互信與互重是自信溝通的基石。這裡說的「互信」是信任自己也信任對方的意思。

假設你必須要說對方不中聽的話，除了要相信「自己可以表達得很好」，還要相信「對方願意聽」。

也就是說，擔心對方會因爲你說了不中聽的話就討厭你，或惱羞成怒、雙方關係變差，代表你其實並不信任對方。

當然，現實中也眞的有人會因此而擺臭臉、出言反駁，甚至就此交惡。但無論如何，內心的信任都是非常重要的，我們要相信對方一定會懂，相信自己是爲了彼此好而說，且對方也一定願意聽你說。

唯有心懷信任，才能落落大方地說出想法。

要做到自信溝通中的互信，這也是最爲要緊的關鍵。

上司的溝通禁忌

對某些人而言，要說出自己的想法並不是件簡單的事。可能是因爲他們從來沒有成功將想法傳達給他人的經驗，在陳述意見前才會先入爲主地悲觀。

一場有建設性的討論，必須在雙方互信的情況下進行。

所謂的心理安全感，並非要大家手牽手當好朋友，而是打造一個可以安心討論的環境，毫無顧忌地說出「我希望你改掉這個地方」、「這件事不可以這麼做」、「你說錯了」等話。

而「互信」正是建立心理安全感的基石。

建議各位在幫工作團隊建立心理安全感時，可以先從握有職位權力的管理階層下手。

有些主管除了對下屬、後輩頤指氣使，對廠商的態度也是高高在上，言語間流露出「你應該知道我們是賞你飯吃的人吧？」「你敢拒絕我的要求？」的態度，不斷施加壓力逼對方聽話。

在各種強人所難之下，對方當場或許會乖乖就範，但長期下來，心中的信任卻也被消磨殆盡。還請各位一定要自我審視，確認自己在面對公司以外的人時，是否也有濫用職位權力的情形。

「高高在上」的心態是引發職場霸凌的罪魁禍首

日本政府頒布職場霸凌防治法後，不少主管都傷透了腦筋，表示都不知道該怎麼「罵」下屬了。

很多案例顯示，主管雖然沒有對下屬口出惡言，卻擺出一副「跟你說你也不懂」、「你也眞厲害，竟然犯這種錯」的姿態，言行充滿了不信任和輕蔑。

別以爲這樣的態度神不知鬼不覺，其實對方都感受得到。

當然，斥責和糾正本身並不是件壞事，但可不能光是罵人，而是要抱著教導的心態，督促人成長進步，改正其觀念與言行。

如果少了上述心態，一旦生氣，就可能會失去理智，不小心將內心所想脫口而出，說出「你是白痴嗎？眞是個沒用的東西！」這種傷人的難聽話。這樣的事情每天都在發生。

我在許多公司都開設了職場霸凌的相關研修課程，幫那些曾經引發職場霸凌的管理階層上課，過程中有很多學員都來向我諮詢過這樣的問題，這類案例可說是屢見不鮮。

罵人的目的是讓對方改進

你的職場裡有沒有這種人呢？老是一副高高在上的態度，或流露出強烈的支配欲。

事實上，這樣的態度可能會引發對方的反抗心理，或直接關上心扉，就算挨罵了也只是心想：「反正你壓根兒就覺得我做不到吧？」「你本來就不信任我，只是想逼我聽話對吧？」

大多主管責罵下屬是爲了改正他們的問題行爲，但說來遺憾，下屬通常不會立刻改進，看到他們一犯再犯，主管當然也會不耐煩地心想：「到底要我說幾次？」進而流露出不信任的態度。

「先褒再貶」會造成反效果？

到企業上研修課程時，常有學員問我說：

「罵人前先誇獎對方是不是比較好呢？」

「先誇獎再糾正，對方會比較聽得進去嗎？」

從結論來說，這並非自信溝通的作法。

「爲了罵人而先誇獎對方」這個行爲，充其量只是先安撫對方，好讓對方聽令於你。

你在工作時會用這種方式說話嗎？——「○○，你做得很好喔！這裡做得很棒，所以拜託你這裡改一下。」

在斥責或糾正之前隨便找個理由誇獎對方，要人家怎麼大方接受呢？

你以為自己藏得很好，其實早就露出了想要支配對方的狐狸尾巴。

因這種支配慾平時就很容易顯露出來，長期下來只會加深對方的不信任感，導致人家聽到你的稱讚第一個念頭就是：「這人又對我有所圖謀了。」這一點還請大家特別注意。

那麼，要如何防止這樣的情形呢？

建議各位可以平時就留意對方的表現，並隨時予以感謝和稱讚，像是——

「○○，眞的很謝謝你，平常幫了我這麼多忙。」

「我覺得這是你可以大展長才的機會。」

「你這件事進步很多。」

當對方知道你一直在注意他平時的好表現，自然較能虛心接受你對他的責罵和糾正。

3 別讓尊卑關係成爲溝通的絆腳石

能力和位階讓你不敢開口？

我和許多公司的人談過，發現很多人在說話前都抱持著這樣的疑慮——

「像我這種小咖，提出意見和改善方法會不會太自不量力了？」

「這話由我來說似乎有失分寸。」

這種狀況不限男女，且在尊卑分明的金字塔型組織中尤爲明顯。如今還是有很多日本企業講究資歷和尊卑，導致很多人即使勇敢說出意見，在公司也不被當一回事。

這樣的情形不僅發生在底層的新人身上，許多中級主管面對高層也是力不從心。

很多人即便身處可以自由發言的場合，也會因爲過度在意尊卑而綁手綁腳，像是：

「我位階低、資歷淺，沒資格說話。」

「他在這方面比我專業，我還是不要發言好了。」

「我才疏學淺，還是乖乖閉嘴吧。」

無論是在大企業還是小團隊中，都能見到許多因爲上述疑慮而導致溝通失能的案例。

事實上，團體是由各種不同的成員所組成，當然會有能力、專業以及資歷上的差異。

位階低、能力差的人眞的就不應發表意見嗎？這可能只是你的胡思亂想罷了，每當內心出現類似疑慮，請在心中告訴自己：

「應該是我想太多了，並沒有什麼樣的人就不可以發表意見這件事，只要我肯說，他們也許就願意聽！」

提昇自我接納度，培養自我信任

「自我信任」是進行自信溝通不可或缺的要素，而「自我接納」則可幫助我們更信任自己。

自我接納是指了解自身優點與長處，並將缺點、短處、能力上做不到的事視爲自己的一部分並予以接納。

若我們不認同自己，是無法眞心認同別人的。

一般只知道消極型自我表達的自我接納度較低，事實上，攻擊型自我表達者也只是看似強勢，他們之所以咄咄逼人，大多是爲了幫自己「護短」。

攻擊型自我表達者在意見遭到反對或否定時，會下意識地覺得對方不認同自己，再加上不願承認自己低人一等，才會劍拔弩張地要將對方踩在腳下。這是自我接納度低的人會有的傾向，那些喜歡貶低別人來抬高自己的人，也屬於這種類型。

事實上，人家否定你的意見並非否定你整個人。

人無完人，每個人都會犯錯和失敗，當然也有做不到的事，但這些不完美並不會降低我們身而爲人的價值。

我們要認同自身的優點與成功，當然也要鼓起勇氣接受自己的不完美之處，這樣才能在互信的前提下進行自信溝通。

看見自身美好，練習自我接納

到企業上研修課程時，我會請學員回答下面四個問題，並將答案寫下

來──

- 你喜歡自己哪裡？
- 你有哪些優點？
- 你有哪些專長？
- 你正在（曾經）努力做什麼事？

很多人在看到這些題目後向我反應：「這些問題我沒想過，也不知道怎麼寫。」

事實上，如果你對這些問題感到陌生，更要試著寫寫看。

我們在進行憤怒管理訓練時，會採用一種名爲「成功記錄」（success log）的方法，如其名所示，就是將一些鉅細彌遺的成功經驗記錄下來，無論多麼微小、多麼「理所當然」都無所謂。

針對上述四個問題，以下是我推薦的回答範例：

「我已持續一個月每天健走。」

「我每天早上六點起床幫家人準備早餐。」

「我很會製作簡報資料。」

「我很愛乾淨，把東西收拾得井井有條。」

「我上班之餘仍努力準備證照考試。」

還請大家務必寫寫看，每三天各寫下一項即可。

靠反覆練習來提升溝通能力

建立好自信溝通的「對等心態」後，下一個任務便是學會「如何溝通」。

在溝通時應注意遣詞用字，在表達上多下點工夫。

看到這裡肯定有人心想：「我天生就不擅表達……眞的有辦法學會嗎？」

如果你也有這樣的疑慮，別擔心！要知道，沒有人一出生就是溝通達人，只要學習說話的技巧、多多練習，每個人都能練就一身強大的溝通能力。

要比喻的話，學習溝通就像學習開車一樣。

就算一開始技術爛到不行，只要增加上路的次數，等抓到要領後，就一定能成爲箇中高手。

簡單來說，溝通是需要練習的。至於溝通的技巧和要領，我們將在第四章詳述。

4 仔細聆聽到能複述的程度

聽比說更重要

你是否過度在意「說」的技巧了呢？

在企業教了這麼多年的課，我發現，大多人都以為自信溝通是在學習「如何說出令人難以啓齒的話」。

到目前爲止，有無數人向我請教「該如何說」和「該如何傳達」，卻只有兩成的學員向我詢問「該如何聽人說話」。

「說話技巧」對溝通而言當然非常重要，但很多人不知道的是，「聽」也是十分關鍵的一環，若不仔細聽對方說話，對話是無法繼續的。

要達到「雙向溝通」的目標，除了要學習說話和表達，還要學習如何聆聽。

常有人向我諮詢以下問題：

「怎麼辦？對方完全不聽我說話。」

「我話才說到一半就被對方打斷，我該怎麼做才能讓他好好聽我說完呢？」

「有什麼方法能讓對方專心聽我說話呢？」

這些人除了想要提升「說話能力」和「溝通能力」，也希望對方能夠聽自己說話、接納自己。

由此可見，「聆聽」也是溝通中不可或缺的一環。

聆聽的重點技巧

那麼，該怎麼「聽」，才能讓溝通成效更上一層樓呢？

無論是當面溝通還是遠距溝通，都應做到以下四點。

- 身體前傾，靠近說話對象。
- 必要時進行眼神接觸。
- 聽對方把話說完。
- 適度作出反應。

各位發現了嗎？重點在於讓對方知道你在聽他說話。只要做到上述四點，雙方就有了互動，而非單方面地發言。

在課堂上進行角色扮演練習時，我發現很多人都在無意間向人發出「我很難溝通」的信號，像是雙手抱胸、手撐下巴、靠在椅背上、皺眉露出駭人表情等等。建議大家重新審視一次自己的溝通態度，是否有做出上述這些看起來「很難聊」的行爲。

此外，也應注意是否邊聽人說話邊做其他事，像是轉筆、抖腳、看文件、操作電腦或手機等，都應避免。

●「說」與「聽」的比例

◉商量、諮商

2 說	8 聽

◉聊天、對談、討論

5 說	5 聽

這麼看下來，實在太多人都不把「聽」當一回事了。

在看不到對方的情況下，像是打電話，關閉視訊的線上通話等，更應該多加注意，適度地作出反應。這是溝通的基本要件，即便看不到對方的人，也要讓他知道你在聽。

有人說溝通時應秉持「八成聽兩成說」的原則。但我認爲，當別人來找你商量或諮商時，確實可採用「八成聽兩成說」的原則，但在聊天、對談，或討論事情時，則可採五五比例來分配。

依照場合與目的來規劃聽說比例，溝通才能更順利。

刻意忽視也是一種攻擊行為

「聆聽」的重點在於讓對方知道你在聽他說話。

相對的，「刻意忽視」則屬於攻擊行爲。

有句話叫「忽視是一種心靈殺人」，相信各位都遇過刻意忽視他人的人，這種行爲其實和爆粗口的傷害性一樣強。

騷擾（Harassment）本爲「刻意惹怒」之意，而刻意不聽對方說話、避開眼神假裝沒看到、對意見充耳不聞的這種態度，當然屬於「騷擾」的範圍。

要知道，這種行爲雖然並未說出「你這個沒用的蠢貨」等傷人之語，卻會帶來莫大的傷害。

在執行「自信聆聽術」時，首要之務便是向對方展現出「我在聽」的態度。

既然這麼多人都希望別人能夠好好聽自己說話，那麼我們只要仔細聆聽，專心聽到甚至可以複述出內容重點，溝通過程必能更佳順利。

5 「不贊同」也無所謂！但要願意「理解」

不一定要贊同，重點在於「理解」

很多人在與人意見相左時，爲了不把場面搞僵，討論的當下會忍著不說出自己的想法，事後才後悔不已。

在進行自信溝通時，我們不需完全贊同對方說的話，也沒必要將自己的意見「往肚裡吞」。

隨著價值觀愈發多樣化，現在人的想法也愈發五花八門，在與立場不同的人交流時，時常會遇到意見相左的情況。

如同第一章所述，要建立「心理安全感」就必須自信溝通，展開「有建設性的」討論。要注意的是，「有建設性」並不等於贊同，因此，在進行自信溝通時，展現出「我不同意你的觀點，但我願意理解」的態度是非常重要的。

在無法理解對方觀點的情況下，很多人會下意識地反駁對方，像是「可是……」、「但我覺得……」。

更戲劇化一點的，還可能會說：

「恕我直言……」

「我懂你的意思，但是……」

嘴上雖然說著「我懂你想說什麼」，實際上卻在反駁對方的意見，聽起來是在「討論」，實際上卻在用攻擊式表達告訴對方：「我做（說）的才是對的！」

而對方遭到反駁後，通常會出現以下兩種反應：

①停止討論

覺得跟你說不通，不想再次碰壁，因而直接放棄溝通，不再繼續討論。

②跟著開啓戰鬥模式

語氣變差，急著想要將你一軍——

「既然你這麼說，那也恕我直言……」

「你說那什麼話啊？我還沒說你咧！」

雙方劍拔弩張，一心只想辯贏對方。

爲避免這樣的情形，應該要怎麼做呢？

即便你不贊同對方的想法，也應該釋出「接納」的訊息，向對方說：

「原來你是這樣想的啊……」

「我知道你希望我這麼做……」

用這樣的方式來表示你的「理解」，認可對方提出的意見價值。

要讓別人願意聆聽你的意見，這樣的「緩衝」其實是非常重要的。否則，即便你說的才是對的，一味反駁也只會讓對方充耳不聞。

光是用「想」的不夠，言語和態度很重要！

我在企業上研修課時，講完「聆聽」的重要性後，會讓學員進行角色扮演來實際演練。然而在演練過後，許多學員都表示力不從心，雖然心裡贊同對方的意見，卻沒有辦法表現出來。

即便我們心中接納了對方的想法，不用言行實際表達，對方又怎麼會知道呢？在這樣的情況下，溝通當然無法成立。

另外我發現，很多人在演練時會下意識地用「可是」、「但我覺得」等話語來反駁對方。要知道，說者無意聽者有心，這些脫口而出的口頭禪都是溝通的阻礙，還請大家時時注意自己的回應方式。

先理解對方的意圖，再表達自己的意見

當你覺得無法贊同對方意見，或感到不以爲然、有所疑惑時，可以進

一步詢問對方的意圖，探聽對方這麼想的原因，像是：

「你的意思是這樣，對嗎？」

「你爲什麼會這樣認爲呢？」

仔細聆聽、理解這套想法的背景和原因後，再開始討論交流，將你的想法告訴對方，以及你爲什麼會這樣想，像是——

「因爲這樣的原因，這件事我是這樣想的，你覺得如何？」

要特別注意的是，有些人在收到不合理的要求或不同意見時，會突然轉爲戰鬥模式，強硬地告訴對方「想得美」，或直接指出對方的錯誤。

爲避免這樣的情形，我們必須先主動出言表示理解：「我知道你希望我這麼做。」

然後告訴對方：「但很抱歉，因爲這樣的原因恕難從命，但如果用另一個方法，我們就能接受你的要求，你覺得如何呢？」或：「因爲這樣的原因，我們團隊沒辦法接受你提出的條件，請問是否有商量的餘地？」

在遇到攻擊性較強的人時，出言表示理解能避開不必要的紛爭。

如果你溝通的對象屬於「唇槍舌劍」的類型，請務必事先想好用來「緩衝」的台詞喔！

6 溝通的目標是「自信傳達」

「圓滿解決」並非溝通的目標

很多人都以為「說ＮＯ」是件壞事。但其實，「協商」正是起源於「說ＮＯ」的溝通，而非唇槍舌戰或一心想要辯贏對方。

「說ＮＯ」並非壞事。

無論你溝通的對象是誰，都很難一開始就想法一致。就算是長期配合的老同事、交情匪淺的老友，甚至是從小到大一起生活的家人，都無法在所有事情上秉持相同意見。而在遇到意見相左或無法接受的條件時，就必須要進行討論，說出彼此的想法。

所有的事情都不討論就直接「圓滿解決」，是非常不自然且不健全的狀況。要知道，圓滿解決並非我們討論和開會的目標，重新設定目標後，才能夠進行眞正的溝通協商，說出「ＮＯ」並彼此交換意見。

勉強同意？小心這些後續問題！

常有人向我詢問：

「每當遇到比較強勢的人、不能得罪的客戶，或在該領域比我專業的人士時，即便我心裡覺得對方的要求蠻不講理，也會勉強答應他們。」

這類人之所以會做出這種口不對心的行爲，大多是出於以下擔憂——

- 擔心交易破局。
- 不想被對方討厭。
- 害怕不贊同上司意見會導致雙方關係惡化，影響人事考核。

像這樣無法暢所欲言、勉強同意對方意見，事後可能會非常後悔，進而陷入自我厭惡之中——

「為什麼我當時要答應呢？」

「為什麼我沒有拒絕呢？」

這樣的想法會讓人產生壓力，導致獨自面對負面情緒。常有人為此向我求助，他們很清楚責任在於自己，卻還是壓抑不住對對方的恨意，因而感到十分懊惱。

在遇到上述狀況時，千萬不能只看眼前，只要試想一下後果，就能做出不同的應對方式。

自信是用來要求自己，不是別人

有些人上完我自信溝通的講座課程，在外面實踐了一段時間後，回來問我說：

「我都已經拿出自信的態度了，對方卻不肯聽，該怎麼辦呢？」

「對方都不照我說的做，眞不知如何是好。」

「討論的過程很不順利……」

這些都是可能會遇到的狀況，有時是因爲對方心態不自信，有時是因爲人家有自己的主張和考量，都會造成事與願違的情形。

假設對方是個雞腸鳥肚的人，而你必須對他說一些不中聽的話，即便你的態度、說法都十分適當，也沒有出言責怪，他還是會擺臭臉給你看。

接客訴電話也是同樣道理，有些客人只要事情不如己意就會大發雷霆，無論你再怎麼不卑不亢、誠心誠意地表示辦不到，他還是會怒掛電話。

在這裡要提醒大家，即便我們自信以待，對方也不一定會做出你所期望的反應。

千萬不要以為我們拿出了自信的態度，人家就會心平氣和地接受一切且自信地回應。

別人的情緒和態度，不是我們可以控制的。

也因為這個原因，如果將溝通目標設定為

- 圓滿解決
- 讓對方聽你的話

只會讓你愈發痛苦罷了。

我們應將溝通的最終目標設為：

●將想說的話自信地傳達給對方。

才不會為難自己。

仔細聆聽並表示理解，但不一定要贊同。

今後在和別人溝通時請提醒自己，溝通的目標並非「圓滿解決」，而是「將想說的話自信地傳達給對方」。

本章重點

☑ 為「自信」做好準備

- 拿出自信的態度
- 以互信互重做為溝通的基石
- 從管理階層著手，打造可供安心討論的環境

☑ 建立對等的心態

- 即便職位資歷不同，溝通一樣要保持對等
- 不高高在上，不仰仗職位資歷來操控別人
- 不因過度在意尊卑關係而退縮，謙虛應有度

☑ 訓斥下屬的注意事項

- 應設法讓對方改進言行
- 不頤指氣使，不操控對方
- 不為了罵人而先誇獎對方，否則容易引發不信任

☑ 仔細聆聽

- 出聲附和，並用態度、表情讓對方知道你在聽
- 刻意忽視屬於攻擊行為，會傷害到對方
- 即便不贊同，也要表示理解

☑ 溝通的目標

- 溝通的目標並非圓滿解決
- 「說ＮＯ」並非壞事
- 我們無法控制別人的情緒和反應

第3章

小心「無意識偏見」的影響！

1 什麼是無意識偏見？

「無意識偏見」會導致判斷的偏差

各位有聽過「無意識偏見」（Unconscious Bias）這個詞嗎？

日本無意識偏見研究所的代表理事——守屋智敬先生將這個詞解釋爲「下意識先入爲主的觀念」。

無意識是指「不知不覺中」或「不自覺地」。

人類能意識到的事物猶如冰山一角，也就是說，我們其實在不自覺的情況下產生了很多無意識偏見。

無意識偏見來自經驗和所見所聞。這種偏見人人都有，日常生活中處處可見，要注意的其實是「有無意識偏見而不自知」的情形，這種情形會導致以下問題——

- 無法作出適當的判斷或評價
- 思考變得負面，創新力低落
- 經常心浮氣躁
- 人際關係在不知不覺間出現問題，甚至引發霸凌
- 錯失自我成長的良機，人生愈走愈窄

此外，無意識偏見還會導致心態不自信，在進行自信溝通時，請各位務必先找出心中那些先入爲主的觀念。

常見的無意識偏見

常見的無意識偏見可說是五花八門，下面就是一些例子：

「那個人是文科出身，數學一定很差。」

「B型血的人個性粗心又任性。」

「九州人都很會喝酒。」

「一個人到外地工作的都是男生。」

「那人染一頭棕髮又戴彩色隱形眼鏡，個性肯定很輕浮……」

「煮飯和洗衣服是老婆和老媽的工作。」

「文書一般是女性的工作。」

「上司說的話一定是對的！不容置疑！」

做都沒做就認爲：「我一定做不到……」

「一般而言都是……其他人都是……」

只要留心，你會發現日常生活中充滿了各種無意識偏見。

事實上，我也很常發現自己的無意識偏見。

比方說，受到新冠疫情的影響，直到現在，我仍開了很多線上課程。

剛推出線上課程時，每每看到名單上多爲超過五十歲的高層幹部，我都會下意識地認爲：「這個年紀的人應該對線上課程較不熟悉，一開始可能要花很多時間說明操作方式。他們打字比較慢，應該不太會使用聊天功能……」

然而令人意外的是，這些人不僅很會使用聊天功能，就連表情符號也難不倒他們，線上課程進行得十分順利。

從「令人意外」這四個字來看，這無疑就是一種無意識偏見。

針對這些下意識的看法，我們無須判斷好壞，而是要檢視這些偏見是否影響了我們平時的「決定」和「言行」，還請大家多多注意。

2 無意識偏見：分歧的導火線

典型的無意識偏見

因無意識偏見是不自覺中產生的想法，有時較難察覺。爲幫助大家找出這些想法，我們先來看看無意識偏見有哪些類型——

【典型的無意識偏見範例】

● 正常化偏見（Normalcy Bias）：周遭發生變故或是危險，卻認爲情況並沒有嚴重到對自己造成威脅（按：一般譯爲「正常化偏誤」，在此爲行文統一而如此翻譯）

（例）「我很安全。」「我不會有事。」

- 權威偏見（Authority Bias）：認爲權威者說的話就是對的
（例）「那個人說的話一定沒錯。」
- 團體同調性偏誤：傾向與周遭人做出相同行爲
（例）「我和其他人看法一致。」「大家都這麼說，所以：」
- 驗證偏見（Confirmation Bias）：只搜集能證明自己正確的資訊
（例）「我想的果然沒錯。」「我才是對的。」
- 負面偏見（Negative Bias）：負面事物比正面事物更容易留下深刻記憶
（例）「上次失敗了，這次肯定也會失敗。」
「這個人之前就反抗過我，這次一定不會好好聽我說。」
「上次我在大家面前出盡了洋相，之後肯定也是一樣結果。」

上述這些無意識偏見會讓人在討論時不敢暢所欲言，但只要知道自己可能有哪些偏見，自然就能未雨綢繆、對症下藥。

無意識偏見是誤會的根源

無意識偏見會在不知不覺間影響我們，甚至導致失言，說話傷到別人。

舉例來說，人們將二十五歲前的年輕世代稱作「Z世代」，各位在和Z世代互動時，是否也曾用「Z世代」這個屬性來斷定對方是怎麼樣的人呢？像是——

● 年輕人：「不好意思，我沒辦法參加今天的聚餐。」

↓你：「你們Z世代都不喜歡參加聚餐。」

● 年輕人：「抱歉，我今天不能加班。」
→「你們Z世代比起工作更注重私事。」

小心無意識偏見就藏在這類發言當中。

從互相誤解到彼此調和

很多主管都不知道如何幫剛休完產假的女下屬安排職務，我就看過很多主管自以爲幫下屬著想，卻反而傷害到人家的例子。

讓我們來看一樁眞實案例——

三十幾歲的C小姐在休完產假後回到公司的營業部上班。然而，主管在處理她以前負責的企業活動時，卻對她說：

「這個案子要到外地出差，妳不用參與。」

「以後這種需要出差的案子就由其他同仁負責，妳不用當主要負責人，只需從旁協助即可。」

C小姐回歸職場後，本想和以前一樣主導這場活動，也已經做好到外地出差的心理準備，沒想到被主管潑了一盆冷水，這讓她感到鬥志盡失。

C小姐來找我諮詢這件事時，忿忿不平地說道：「主管是不是覺得我派不上用場了？眞的很過分！」她的言語間充滿了對主管的憤怒，也對公司的態度感到不以爲然，覺得公司沒有照顧好回歸職場的員工。

但是，光生悶氣是無法解決問題的。遇到這種情形，應先思考今後要怎麼做，規劃出自己所嚮往的未來。

C小姐向我請教了該說什麼、該怎麼說後，對主管說：

「主管，我想跟您談一下休完產假回歸的事，我希望採取和休假前相同的工作方式。之所以特地來找您談，是因爲之前您在分配○○公司活動的工作時，說我不用到外地出差，這樣會讓我認爲，您是不是覺得我沒辦法像以前一樣工作了。」

主管聽後回答：「我是因爲看妳剛回來，孩子又這麼小，出差可能會超過妳的負荷，所以才進行了調動。看來是我沒有說清楚前因後果，讓妳誤會了。」

經過溝通後，他們才了解彼此的眞實想法，誤會解決了，C小姐也豁然開朗。

靠溝通化解偏見

在上述案例中，「先入爲主的觀念」是造成誤會的原因所在，C小姐是受到下述觀念的影響：

- 主管不幫我安排出差，代表他要把我踢出企劃

● 團隊不再需要我了
● 公司沒有好好照顧回歸職場的員工

一旦陷入負面思考，所有事物都會變得很不順眼。

主管則是受到下述觀念的影響：

● 不應安排孩子還小的職員到外地出差
● 應盡量減少這類職員的工作負擔
● 不應讓這類職員擔任要職

在無意識偏見的影響下，才會產生這些「我是爲你好」的想法。

很多時候我們自以爲是爲別人著想，實際上卻在不自覺間傷害了對方，反而讓事情變得更爲複雜。爲避免這樣的情形，我們應好好確認對方的意願，以進行協調與溝通。以上述案子爲例，主管可以事前向C小姐詢問說：「我認爲妳的孩子還小，不要幫妳安排出差比較好，妳覺得呢？」

●「先入為主」容易引發誤會

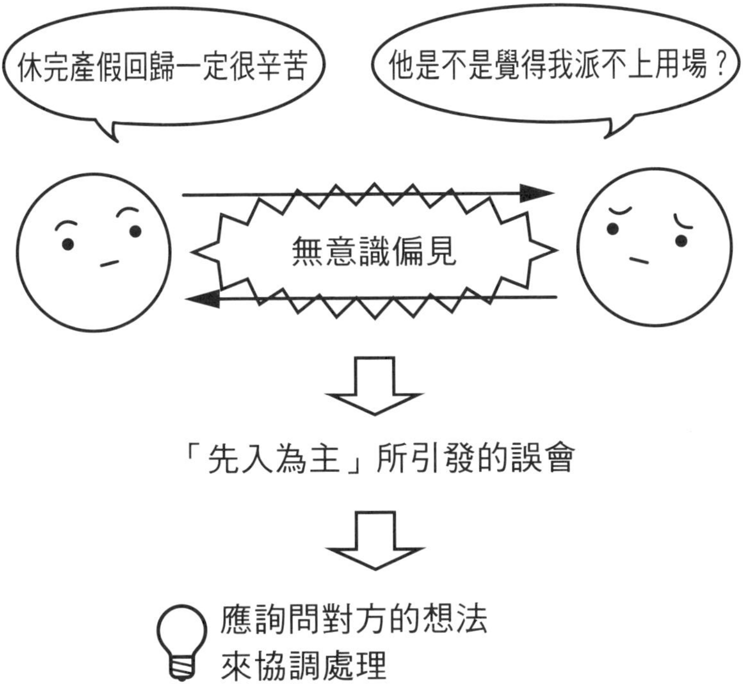
休完產假回歸一定很辛苦
他是不是覺得我派不上用場？
無意識偏見
「先入為主」所引發的誤會
應詢問對方的想法
來協調處理

正因爲無意識偏見無所不在、人人都有，我們更要隨時檢視自己的所作所爲，是否有將自身觀念強加在別人身上的狀況，並詢問對方的意見來進行溝通。

類似的例子還有：

「妳是女生，文書工作應該要做得再仔細一點。」

「妳是女生，有點氣質好嗎？」

「妳是女生，說話不要那麼粗魯。」

這些都是受到「妳是女生」這種無意識偏見影響的例子。即便說者無意，卻會傷害到聽者的內心，甚至演變成職場霸凌。

無意識偏見可說是五花八門，各位應時時提醒自己：

「一樣米養百樣人，我們不一樣。」

3 別讓偏見發展為霸凌

上司與下屬之間常見的職場霸凌

很多人在與下屬或後輩相處時，都能感受到想法上的世代差異，比方說——

- 「只要客人一聯絡，就算是假日也一樣要馬上處理！」強迫下屬假日也要工作。
- 「業務是跑出來的！」疫情期間還強迫對方去跑業務、衝業績。
- 「你的抗壓性真的很差，才說你兩句就這麼消沉。」

很多主管太常將自己覺得「理所當然」的事情強加在下屬身上，因而發展成職場霸凌。

而像「女職員就該斟茶遞水」這類針對特定性別的發言，則容易引發性霸凌疑慮。建議大家，在因公聚餐時不可強迫女性下屬倒酒，不應說出「接待客戶時女人應主動幫忙倒酒」這種話，或責怪對方：「怎麼不幫董事長倒酒？」

除此之外，以下這些發言有時也會引發問題——

- 「你都結婚那麼久了，怎麼還沒生小孩？」
- 也不知道對方有無結婚的打算，就沒頭沒腦地問說：「你怎麼還不結婚啊？」

過去的「習以為常」，現在卻可能成為職場霸凌的導火線。如今我們應放下過去的成見，更加提高警覺，以免用言語傷害到他人。

稍不留心就可能變成攻擊

你是否有偏見卻不自知，還試圖說服別人同意自己的看法呢？

有些人習慣將自己「理所當然」和「常識」強加在別人身上，而且不願妥協，不講贏對方決不罷休。

這種行爲在另一方眼裡，很可能就成了攻擊型溝通。即便沒有那麼嚴重，先入爲主的觀念和偏見還是有可能會傷害到他人，或造成不愉快。

曾有一名女性來向我諮詢，說有人對她說：「大公司的業務怎麼會是女生？應該要由男生來負責才對啊！」「妳的孩子還這麼小，妳卻一天到晚工作，小孩眞可憐。」讓她感到相當受傷。

在這個男人也可以當家庭主夫的時代，有些人聽到人家說「我先生是家庭主夫」時，還是會下意識地回道：「妳當老婆還要上班養家，眞辛苦。」「男人就應該要外出工作！」這些缺乏體諒、大驚小怪的回答，都可能會害別人黯然神傷。

這種無意間用言語得罪或傷害別人的例子可說是不勝枚舉，而且只要說話的人自己沒察覺，根本就無從改進。

無意識偏見是許多失言和誤會的起因，請容我再次強調，人人都有無意識偏見，所以我們更要時時提醒自己、處處留心。

只要開始注意自己的「偏見發言」，定能慢慢獲得改善。

4 別讓負面偏見成了你的人際關係心魔

那些因為溝通失敗而產生的負面偏見

很多人都有因爲過去的失敗而裹足不前的經驗。

人類有一個特質，那就是比起正面訊息，我們更容易注意到負面訊息並保留在記憶之中。人體之所以發展出這樣的功能，是爲了遠離危機、避開風險，簡單來說，大腦爲了活下去，才會將注意力集中在負面的資訊和情緒上，將經歷過的失敗和恐懼深深刻畫腦海中，以免將來重蹈覆轍。

也因爲這個原因，相較於快樂的正面記憶，那些被言語傷害、被嘲笑、在大眾面前丟臉等負面記憶更令我們印象深刻。

像是——

曾在一大群人面前支支吾吾不知所云，感到很丟臉。

向主管提出建議卻被批評得一無是處，心裡感到很不舒服。

要求後輩改正，卻被對方頂撞。

向專業人士提出意見，因而導致關係惡化。

經歷過這些後，就覺得自己肯定會重蹈覆轍，或覺得自己口條就是這麼差，導致不敢輕易不敢開口。

相信各位應該都有過類似的經驗吧？

若被這些心魔所控，就無法做到第二章所說的「對等相待」。

即便過去失敗過好幾次，也請務必告訴自己：

「失敗只是當時的結果，會躊躇不前、覺得一定會再犯同樣錯誤，只是我的多慮罷了。」

幫大腦按下「重設鍵」

大腦不喜歡變化，習慣維持舊有的思考和價值觀，也經常為了節省能量而不願改變對事物的看法。有時還會基於自我防衛心態，因為不想改變、不想遭遇負面經歷，而產生無意識偏見。

要擺脫負面偏見的影響，建議各位可以強制幫大腦按下「重設鍵」，像是告訴自己：

「不是每次都會發生同樣問題。」

「現在下定論還太早了！」

若腦海中浮現「這次可能也會出糗」、「上次跟他也是溝通不良，我不擅長跟這種人相處」、「他看起來很會擺臭臉，跟他說話壓力好大」等負面想法，請提醒自己：

「這只是我的想法，不一定會成真。」
「之前發生過不代表這次也會發生。」
「不做做看怎麼知道？」

制定屬於自己的「大腦重設語錄」

我們無法阻止自己冒出負面想法，這是人類的大腦機制，說來也是無可厚非。

只要搞清楚自己抱有哪些偏見，就能進一步釐清其對言行舉止會造成什麼樣的影響。也無須絞盡腦汁去「消除」負面偏見，一開始只須有所自覺，不要被偏見牽著鼻子走即可，而這時「大腦重設語錄」就顯得格外重要。

只要先想好屬於自己的「大腦重設語錄」，人際關係定能慢慢有所改善。

5 那些強加在他人身上的「理所當然」

別讓你的「理所當然」成為「傲慢無禮」

「理所當然」、「常識」、「一般」、「天經地義」……我們的生活中充斥著這樣的用語。

事實上，這些詞彙所指的程度因人而異，定義非常曖昧。

「應該要這樣做」、「應該要那樣做」——每個人的「應該」都不一樣，你認定的「應該」不過是「自以為」罷了，反而成了自己看法偏頗的鐵證。

正如第一章所述，生氣是人在事情不如「己意」時產生的情緒，也就是所謂的「應該要怎樣」。

很多人不僅對自己的偏頗毫無所知，還會用攻擊的方式將自己的憤怒強加在他人身上，像是：「這不是理所當然的事嗎？」「你怎麼連這種常識都不懂？」

然而，每個人的價值觀都不同，你的常識不代表也是別人的常識，在這樣的認知差異下，當然會引發糾紛。

只要明白「理所當然只是自以為」這個道理，就能避免不必要的紛爭。

你的憤怒真的有必要嗎？

自信溝通的目標，是將要求和主張告訴對方，並獲得對方的理解。

而那些喜歡將「理所當然」強加在別人身上的人，目標則是逼人就範。如果溝通只是爲了證明自己是對的、強調自己才符合一般大眾的常識，在一味想要講贏對方、證明「對方才是錯的」的情況下，只會導致關係惡化。一旦雙方交惡，就別提什麼就範了，對方不反擊就不錯了。

上研修課時我發現，很多年輕職員被罵「這是常識！你怎麼連這個都不懂？」都會感到很難過，覺得被人扣上了「沒常識」的帽子。而且這種說法會讓他們摸不著頭緒，覺得對方是在拿「常識」這個詞壓迫自己。

爲避免惹怒他人引來反感，還請各位檢視自己，是否習慣用「常識」和「理所當然」來強迫他人妥協。

6　溝通的絆腳石：驗證偏見

當一個人無法聆聽他人意見、一味認爲自己才是對的，就容易有偏見而不自知。所謂的「驗證偏見」，是指當我們和別人意見相左或做法不同時，會下意識地去搜集情報來證明自己是對的，然後引導出「看吧！我才是正確的！」的結論，因而無法與人互通有無、相互理解。

「A也這麼說，網路上也這麼寫，可見我的做法沒錯！」——像這樣只想證明自己是對的，又怎麼聽得進別人的意見呢？這麼做只會使得溝通窒礙難行，我們應跳脫過去的框架，從各種角度進行討論，構思出能夠讓企劃成功的方法。

7 權威偏見讓你不敢發聲嗎？

當職場充滿權威偏見

你是否也下意識地認爲，主管和資深同仁說的話一定是對的呢？

這就是所謂的「權威偏見」——不經查證就認爲權威者（上司、高層幹部、有經驗的人、專業人士）說的話是正確的，貿然斷定：「那個人說的一定沒錯。」

在權威偏見的影響下，一聽到權威者提出不同意見，我們就會下意識地認同對方所說，否定自己的想法：「原來我的想法是錯的，我果然還是太嫩了。」這猶如幫自己下了噤聲令，當然無法暢所欲言。

當團隊裡大多人都受到權威偏見的影響，可能會導致所有人都成爲唯唯諾諾的應聲蟲。當然，開會時的發言權也是關鍵因素之一，但無論如何請務必提醒自己：「沒有人可以隨時作出百分之百正確的決策！」

千萬別覺得「既然那個人都這麼說了，那就肯定沒錯，不用進一步確認了」，這可能會害團隊做出錯誤的判斷。

爲了防止團隊走錯方向，每位成員都應具備獨立思考能力，並養成隨時查證的習慣。

唯有這麼做，才能讓團隊持續壯大成長。

察覺權威偏見，實現職場創新

很多人在工作上與人意見相左時，都會習慣性地懷疑自己。但其實，沒有人永遠都是對的，就算你還尚待磨練、與人持有不同看法，那又何妨？

舉例來說，最近用抖音（TikTok）做生意成了一種趨勢，不少公司高層人士都無法跟上此波巨大的時代變化，在這種情況下，我們更應接納新潮流，吸收十幾歲、二十幾歲年輕人的想法。組織裡一定要有各式各樣的成員，我們必須聆聽各種聲音，理解多方意見，進行獨立思考，才能夠靈活順應新趨勢。

若能打造出這樣的職場文化，那就再好不過了。

8 如何與無意識偏見共處？

對自己：重點在於「察覺」

每個人都有無意識偏見，重點不在於「有沒有」，而是「是否能夠察覺」。

●一起察覺無意識偏見

請時時提醒自己，人人都有負面偏見、驗證偏見、權威偏見等各種偏見。在下判斷前請務必踩個煞車，檢視自己有無受到無意識偏見的影響，隨時反省剛才說的話是否參雜了先入爲主的觀念。

建議各位可以將自己的「偏見語錄」記錄下來。

像是：

「這人沒經驗，應該無法勝任這份工作。」

「老人家都不太會用電腦。」

這些紀錄能幫助我們察覺偏見，並了解自己先入爲主的性質與傾向。

對他人：重點在於「諒解」

當別人在沒有惡意的情況下惹到你，你卻不留情地嗆爆對方，只會讓氣氛變得很尷尬，下面要爲各位介紹一個良性處理的範例——

有一天，八名男性與四名女性外出聚餐，他們年紀都在四、五十歲上下，身分不是公司高層就是老闆。結帳時，其中一名男性提出：「男生付×元，女生付×元就好。」主動讓女方少付一點錢。

這種特別優待女性行爲其實也是一種偏見，其中一名女性聽到後便說：「別因爲是女生就給我們特別待遇，大家一起平分吧！」

如果這名女性當時是說：「都什麼時代了還搞男女差別待遇，你的想法也太過時了吧！」想必對方一定會感到十分難堪，氣氛也會直接降至冰點。

遇到這種情形，請不要直接指責對方，而是勸對方不要這樣做，並提出建議的做法，就像前述女生所說的：「別因爲是女生就給我們特別待遇，大家一起平分吧！」

其實像這種情況，對方大多沒有惡意，甚至沒有意識到自己有偏見，這時若出言責備反而會引發糾紛。要避免這樣的情形其實很簡單，只要將溝通的目標設定爲「將想法告訴對方，並獲得對方的理解」，就能大幅改善表達方式。

本章重點

☑ 什麼是「無意識偏見」

- 下意識先入為主的觀念
- 無意識偏見人人都有，有無意識偏見這件事本身並沒有錯
- 重點在於察覺自己有哪些無意識偏見，並釐清其影響

☑ 常見的無意識偏見

- 正常化偏見（我很安全、我不會有事）
- 權威偏見（那個人說的話一定沒錯）
- 驗證偏見（我想的果然沒錯）
- 團體同調性偏誤（大家都這麼說，所以……）
- 負面偏見（上次失敗了，這次肯定也會失敗。）

☑ 無意識偏見容易引發的問題

- 引發誤會或傷害到別人
- 將想法強加在他人身上，因而發展成霸凌
- 太拘泥於自己的「常識」和「理所當然」，進而攻擊別人

☑ 對於自己的無意識偏見

- 首要之務為察覺
- 反省和記錄有助於察覺
- 不預想他人的強弱和好壞

☑ 對於他人的無意識偏見

- 不予以責怪
- 將溝通目標設定為「將感受和想法告訴對方，並獲得對方的理解」

第4章

自信溝通的技巧

1 「不說」也是一個選項

不是什麼事都可以說

到企業上研修課程時，常有學員誤以爲自信溝通就是「把想法毫不保留地全說出來」。

但其實，「不說」也是自信溝通的一種表達選項，我們不用時時刻刻都把想法全盤托出。

各位應該都遇過「有點在意但沒有嚴重到要說」的事情吧？

比方說，你和主管還有同事開會，好巧不巧其他人都與你意見相左，你身爲少數意見，也沒有特別堅持，而且說了也只是延遲會議進度，無法改變結果，這時就可以選擇不說。

要知道，「言無不盡」並非自信溝通的目標，「不說」當然也是一個選項。

說不說應以「會不會後悔」為判斷基準

常有人問我該怎麼判斷說還是不說，這個問題很簡單，只要選擇不會讓你後悔的做法即可。

比方說，同事Ａ隸屬於一個與你毫無關係的部門，他做事老是拖拖拉拉，又經常不守時、違反公司規定，這時要說還是不說呢？

如果你覺得：「Ａ有自己的主管，這事好像不該由我來說。」就可選擇不說。

相反的，如果你認爲：「這樣可不行！這樣下去不只會影響到他自己的部門，其他相關人員也會受害，不能放任不管！」那就說出來吧。

自己的選擇自己承擔

無論選擇說或不說，都請務必自行承擔責任。說或不說都是你的決定，若決定不說，也不可以把責任推卸給別人，或歸咎於環境。像是——

「都是因爲這樣的職場文化，我才說不出口。」

「我說了也沒用，都怪公司只注重高層的意見，所以我才沒說的。」

「對方態度非常強勢，嚇得我不敢開口。」

「對自己的選擇負責」是自信溝通中非常重要的概念，那些態度過於強勢、只聽高層意見的公司固然有問題，但把自己說不出口的錯怪在別人頭上，代表你對這個決定本就沒有信心。

念。

說與不說，都要對自己的決定負責

此外，事後對當初的決定感到後悔與自責，也不符合自信溝通的理念。

「我當時應該要說的！怎麼就說不出口呢……」

與其事後悔恨，倒不如一開始就做出無悔的選擇。

要知道，「說不出口」與「不說」是不一樣的。

在自信溝通中，我們必須做出自己能夠負責的選擇，既然決定不說，事後就不要反悔。相反的，因爲說不出口而後悔不已，則屬於消極型自我表達。

一旦決定要說，「怎麼說」就變得格外重要。

「都怪我說那種話，才把關係搞砸……」

「早知道就不要說了……」

●說與不說，都得對自己的決定負責

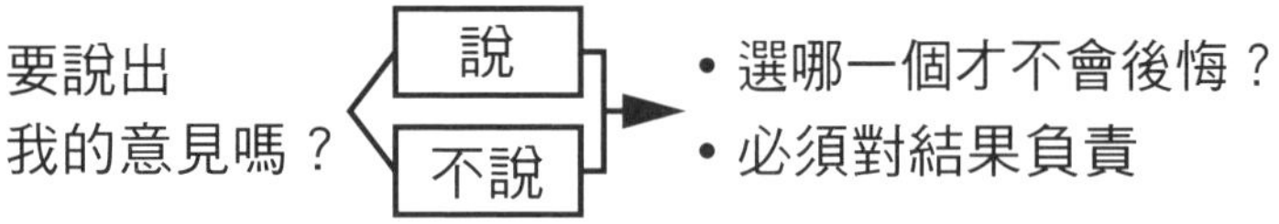
要說出
我的意見嗎？
說
不說
•選哪一個才不會後悔？
•必須對結果負責

「我應該更注意遣詞用句的……」

——如果你的「後悔」屬於上述這些類型，下次就要特別注意自己的表達方式。遣詞用句和表達方式都是可以選擇的，並非不能改變。

我們的首要之務是做出精準的判斷，在說與不說之間做出無悔的決定。

2 表達目標應明確，不可搖擺不定

你的目標是「不被對方討厭」嗎？

表達最重要的是訂立明確的目標，簡單來說，就是「此時此刻我想要表達什麼」。在上課和接受

諮詢時我發現，很多人都沒有明確的表達目標。

比方說，消極型自我表達者在說話時，會特別留心「怎麼說才不會引發糾紛」、「怎麼說才能讓自己全身而退」。

這類人的溝通目標並非「傳達並獲得理解」。有求於人時，他們會非常在意「怎麼說才不會對他人造成負擔，盡量不要惹對方不高興」。這導致他們催件時會說一些沒必要的話，像是：

「想請問一下你的進度到哪邊了呢？別誤會，我知道你很忙，我並不是在催你……」

在責備他人、要求對方改進時，也會花很多力氣去維護雙方關係，希望對方不要討厭自己，導致說話不是一直在繞圈圈就是過度謙虛。我們一定要有明確的表達目標，並釐清真正想要傳達的內容，否則溝通就會變得困難重重。

●釐清表達目標

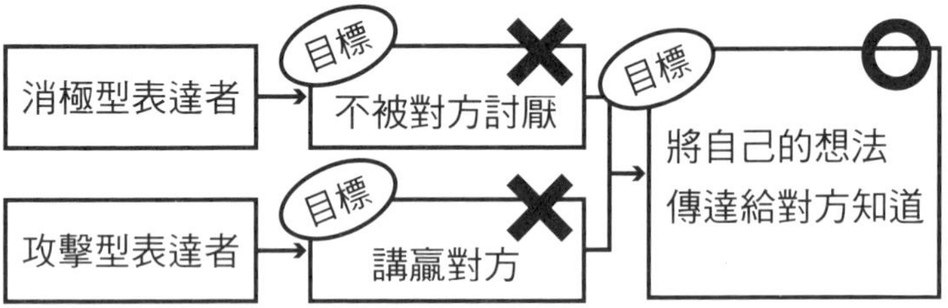

攻擊型表達者的目標：講贏對方

照理來說，溝通應以「讓人理解你的想法」爲目標，向對方提出「怎麼做比較好」、「哪裡沒做好」等問題點，透過對話來尋求最佳解方。

反觀攻擊型表達者，他們的溝通目標通常是「講贏對方」，費盡唇舌只爲了證明自己才是對的。

仔細觀察你會發現，這種「搞錯目標」的人其實出乎意料地多。

「自我釐清」是溝通中不可或缺的一環，要打造一場良好的溝通，請務必先釐清自己想要表達什麼。

3 書寫梳理法：用文字釐清思緒

化想法為文字，讓你更了解自己的心

問題來了，要怎麼做才能釐清自己想要表達什麼呢？方法很簡單，只要將浮現在腦海中的「想說的事」寫下來即可。如第一章所述，我在自信溝通的研修課堂上會安排學員進行角色扮演練習，在練習前，我會先請他們寫下「最想傳達什麼訊息？」、「要說到什麼程度」，在紙上回答並釐清下列問題——

- 追根究柢，此時此地你最想告訴給對方什麼訊息？
- 你想表達什麼？

- 你希望對方理解到何種程度？
- （若有必要再請他們寫下）爲什麼？爲了什麼？你希望對方怎麼做？

在未能釐清這些問題的情況下就貿然溝通，是無法向對方表明心思的。也因爲這個原因，我才會請大家在進行角色扮演練習時請將想法寫出來，梳理過思緒後，才能知道自己到底想要表達什麼。

練習說說看

將「想說的事」寫出來，經過梳理和釐清後，接下來就能依據所寫內容來進行角色扮演練習。

實際演練過後，我發現很多學員寫一套說一套，在表達的過程中突然改變說詞。這件事告訴我們，即便事前寫的和實際說的都是你，卻還是會有「脫稿演出」的情形。

寫下想說的事後，我會請他們依據所寫內容，對另一個扮演者進行口頭表達。很多學員在課堂結束後告訴我：

「將想說的事寫下來能幫助我俯瞰思緒，釐清自己到底想說什麼。」

「上完課後，我才知道自己經常使用責備式的字眼。」

「我發現我的論點經常搖擺不定。」

比起一個人呆呆地想，倒不如直接把想法寫出來，化想法爲文字，更能疏理思緒。若你自認不善表達，即便沒有人陪你演練，也可自己試著說說看，相信一定對溝通有所幫助。

說話是需要練習的，「熟練」也是表達中非常重要的一環。

化想法為文字，還能幫助換位思考

如果我們在遇到困難時只是一味說著：「糟糕了！」對解決問題其實沒有幫助。

這裡和大家分享一個真實案例——

A小姐是某企業的核心人物，有個問題困擾她很久了，那就是主管經常臨時要她修改已經準備好的會議資料。

她悻悻然地對我說：「主管經常在開會前一刻叫我加東西進去，或要我修改檔案，大幅增加我的工作量……。我工作就已經夠忙了，還要臨時幫他改東改西，真的很受不了。」

於是，我請A小姐執行「書寫梳理法」，將她想對主管傳達的訊息寫下來。

她洋洋灑灑地寫下：「主管，我手上還有其他工作，臨時要我修改檔案會讓我忙不過來，你知道我有多辛苦嗎？……」文中盡是不滿與怨懟。

之後我請A小姐冷靜下來，重新看一次這篇「抱怨文」。她才發現，這篇文章並沒有講到她最想傳達的重點。

將想法寫下來能幫助我們從客觀角度看待事情，A小姐在將想法寫下來、客觀看待自己寫的內容後，發現說這些只會讓主管覺得她在發牢騷。經過一番梳理後，她冷靜地告訴主管：「主管，因我手上還有其他比較難處理的工作，若要我修改會議資料，最晚請於十天前告知。」

「書寫梳理法」能幫助我們站在對方的角度思考，想像對方聽到這番話將做何感想。而這種「客觀看待」和「換位思考」，正是溝通不可或缺的一環。

不擅長用客觀角度俯瞰事情的人，可先執行「書寫梳理法」來進行初步練習，將想法寫出來以整理思緒。

4 將客觀事實與主觀分開陳述

「客主分述法」：糾正、責備、陳述意見的必備良方

在進行「報告、聯絡、商量」時，應將客觀事實與主觀看法分開陳述。而在糾正或責備他人、陳述意見時，更應採取「客主分述法」。

若將客觀事實與主觀看法混著說，只會讓聽者感到混亂，甚至對其中的主觀部分反應過度。

舉例來說，A最近一直出包，你認為他有些心不在焉，這時就可使用「客主分述法」告知——

◯ 你近一個月來已經出包五次，就我來看，你最近似乎有點心不在焉，你覺得呢？」

↓客觀事實：你近一個月來已經出包五次。

→主觀看法：就我來看，你最近似乎有點心不在焉。

千萬不可單方面地斷定對方就是怎樣，像是——

×「你最近一直出包，是不是不想上班啊？整天心不在焉的。」

這種說法會讓人感到不舒服，進而把你的話當耳邊風，或灰心喪氣。

A聽到後可能會有所埋怨：「我也想把事情做好啊，這樣就要罵我心不在焉，也說得太誇張了吧。」導致整個談話失焦……。為避免這樣的情形，在糾正、責備、陳述意見時，請務必使用「客主分述法」。

改正遣詞用句，使對方舒心接受不反彈

建議各位在糾正、責備他人，或陳述較為負面的內容時，應特別注意措辭。當說話者使用不同的陳述方式，聽者的反應也會完全不同。

相反的，說話太過主觀片面則容易引發糾紛，以下將以兩個實際案例

爲各位說明——

【案例1】下屬沒有確實報告工作內容

某營業部門主管B來找我諮詢，說下屬沒有向他如實報告與客戶的互動內容，害他受到客戶的質疑：「難道你的下屬沒有告訴你這件事嗎？」

當下B單方面地認爲下屬定是刻意隱瞞，只說了對他有利的訊息，於是便氣沖沖地把下屬罵了一頓，要他「下次不准再說謊，一定要將狀況如實相告。」

然而，因爲B說了「下次不准再說謊」這句話，下屬便澄清自己並未說謊，導致兩人的對話發展爲「有無說謊」之爭。

而事實上，下屬並沒有說謊，只是B剛好從客戶那邊聽到了下屬沒說的訊息。像這種情況，應以下述方式告知爲佳——

○「我希望你能將和客戶之間的互動狀況，毫無遺漏地報告給我知道。」

○「今天客戶質疑我說：『難道你的下屬沒有告訴你這件事嗎？』因我從未聽你說起，請你跟我解釋一下這到底是怎麼回事。希望你以後能將客戶告訴你的訊息鉅細彌遺地告訴我，不然我沒有辦法即時做出適當的對應，這樣會動搖客戶對我們的信任。」

這麼說才能讓下屬知道自己哪裡做不好，以及之後要如何改進。

【案例2】同事在會議上對其他部門的同仁大放厥詞

C的同事在會議上很兇地對其他部門的同仁說：「你的想法太天真了，你有好好思考過可行性嗎？」

會議結束後，C想勸同事以後不要這樣，便對同事說：

×「你講話不用這麼難聽吧？感覺很瞧不起人，這樣對其他部門的同仁很失禮。」

同事聽後回道：「我才沒有瞧不起他們！」然後兩人就爲此起了爭執。C的問題出在「感覺很瞧不起人」這句話上，因爲這只是他單方面的主觀看法。像這種時候，應該將說話的重點放在「事實」，也就是同事的言行上，用建議的方式勸告對方——

○「你剛才在會上說人家『你的想法未免也太天眞了，你有好好思考過可行性嗎？』，我覺得把人家說成這樣不太好，畢竟以後還要一起工作，還是換個方式說話吧。」

○「我感覺你剛才話說得有點難聽，畢竟之後還要和對方共事，你可以說得含蓄一點，告訴他你希望他們怎麼做，這樣會不會比較好？」

很多人都有說話過於主觀的問題，像是前面提到的：

× 「你最近一直出包，到底想不想上班啊？整天心不在焉的。」

× 「反正說了他也不會聽……」

當說話太過主觀，就會混雜著各種「自以為」，或流露出自卑等負面情緒，應盡量避免爲宜。

把客觀事實和主觀看法混著說，很容易刺激到對方，進而做出出乎意料的反應，導致雙方關係惡化。上面這些案例告訴我們，在糾正、責備，或有求於人之時，「客主分述」是非常重要的。

「客主混述」容易引發聽者的不信任，覺得：「我明明就沒那個意思，憑什麼這樣誤解我，對我說三道四。」甚至認爲你是個喜歡曲解他人、憑藉錯誤印象斷定事物的人，因而刻意疏遠你。

相反的，說法對了人家自然就會虛心接受，認爲你是個能夠基於事實做出正確判斷的人。唯有釐清事實、不妄下定論，並在對話的過程中頻頻表示理解，才能與人建立信任關係。

而要做到這一點，請務必養成「客主分述」的習慣。

5 善選用辭才能取得共識

曖昧詞彙容易引發誤會

前面曾提到，與人溝通時應避免使用「好好地」、「認眞地」、「早（快）點」這類詞彙。

「你要好好確認。」

「你要認眞做。」

「說話應更爲人設想」

「請你快點回信。」

「做事前應站在對方的角度思考。」

這些詞彙太過曖昧抽象，解釋因人而異，所以很難形成共識。當對方的認知有別於我們的期待，就會導致溝通不良。

當然，這世界上也有與你心有靈犀之人，他對「好好地」的認知剛好符合你的期待。但說來遺憾，即便是長期同住的家人、伴侶，或合作已久的老同事，也無法在所有事情上都有共識。因此，我們說話時一定要慎選用詞，說清楚講明白，以免引發誤會。

曖昧詞彙是職場大敵

A：「請你好好確認。」

B：「我已經好好確認了啊……」

A：「這算哪門子的好好確認？」

——像這類小爭執、小誤會，在各家公司行號裡都十分常見。每個人的職場經歷和生長背景都不一樣，對詞彙的認知當然也大不相同。

我最近才聽到一個真實發生的職場笑話，一名四十幾歲的男主管對新進業務說：「你是跑業務的，嘴要甜，心要狠，知道嗎？」結果對方一臉正經地問他說：「請問嘴要怎麼甜？心要怎麼狠？」把該名男主管問得啞口無言，看來太過抽象的詞彙在這個時代已經不受用了。

「有空時請你把這份工作處理好。」

「面對客戶要用心。」

「做事應更積極。」

「態度要有誠意一點。」

「工作認真一點。」

基於認知差異，這類曖昧詞彙很容易產生工作上的誤會，還請大家特別小心。

時間應明確，指示要確切

在傳達「時間」和「期限」時，請勿使用「早點」、「近期」等曖昧的字眼，而是明確地告訴對方在「幾分鐘以內」、「幾天以內」做好。給予明確的時間，對方才能依照指示行動。下面要爲各位介紹因爲用字曖昧而造成不同解讀的例子——

×「請各位積極參與會議討論」

這裡的「積極」應改成所有人都能理解的講法。

○「開會時應針對議題和議程提出意見，並說明該意見的根據和緣由，像是『我的意見是～，我之所以會這麼認爲，是因爲～』。就算不說明緣由，至少也要說出自己的想法，像是『我認爲～』，這是與會人員的義務。」

說明一定要確切至此，才能讓對方聽懂，明白該怎麼做。

×「你已經不是新人了，做事應該更主動一點。」

要知道，每個人對「主動」的判斷基準不盡相同。像這種情形，應將「主動」改爲具體的行爲說明。

◯「我希望你可以自己提案，而不是等待指令。之前你都是聽令行事，但你在這裡已經累積了一整年的經驗，會的事情變多了，也該試著提出自己的意見了，比方說，你告訴我們你可以做哪些事、對做法又有什麼建議等。」

這麼一來，就能減少雙方在認知上的差異，給予對方明確的做事方向。

揪出認知差異，避免不必要的誤會

明明是同一段話，解讀卻可能因人而異。

A是某企業組長，他經常叮嚀組員：「請各位互相協助完成工作，一有空就去幫忙別人。」

然而，後輩B每每工作到一段落，都不見他去幫忙其他同事，這讓A頗有微詞，覺得B缺乏團隊精神。

有一次A終於忍不住對B說：「我希望你完成手上的工作後，可以去幫忙其他組員。」

B這才說出自己的難處：「我其實很想幫其他人，但我的資歷比大家淺，只處理過自己負責的工作，不知道要幫哪些忙，也不知道該怎麼向前輩開口說要幫忙……」

A這才發現自己誤會B了，並開始反省自己的行爲，不該隨便斷定B不幫忙就是缺乏團隊精神。

他對B說：「下次你做完自己的工作後，可以試著問其他組員：『有沒有我可以幫忙的地方？』」並將這段話也告訴了其他組員。

這個例子告訴我們，遇到事情應確認對方的想法，不要妄下定論，才能夠避免認知差異所造成的誤會。

6 嘴臉不一？你搞得我好亂啊！

嘴上說可以，臉上寫不行

要與人順利溝通，除了要用對詞彙，還要用對態度和表情。

尤其是與人當面說話時，「態度表情」一定要和「表達內容」一致，否則對方會不知該如何解讀你給出的訊息。

如果你今天問下屬說：「這份工作你能處理嗎？會不會太吃力？」

下屬回你：「不會，我能處理。」但表情和態度卻一副要死不活的模樣，你作何感想呢？

這種「嘴臉不一」的反應會讓對方有所顧慮——

「……他在逞強。」

「看來我不該拜託他處理這份工作。」

「看來他已經到達極限了。」

可想而知，遇到這種人，定是令人進退兩難，不知該如何是好。

一臉「懊嘟嘟」還說沒生氣

有些人則是嘴上說「沒生氣」，卻臭著一張臉。

A：「你在生氣喔？」

B：「沒有。」（一臉不爽）

A：「你明明就在生氣。」

說沒生氣，動作卻異常粗魯、打字時用力敲鍵盤，這樣的行為容易讓人心生畏懼。

「他果然在生氣……」

「他看起來心情有夠差……」

老是用這種「高調」的態度來告訴人家你在生氣，只會讓人家覺得這個人很難搞，進而離你遠去。

怕被討厭的人最容易「嘴臉不一」

令人意外的是，很多人都會笑盈盈地罵人或是拒絕人。我曾在自信溝通的課堂上問大家：「曾笑著說不中聽的話的人請舉手。」當時班上二十個人，有五、六個人都舉了手。由此可見，很多人會在有自覺的情況下笑著拒絕、責罵別人，甚至笑著對人生氣。

我問這些有自覺的人說：「爲什麼要笑呢？」他們的回答大多都是——

「我想藉由笑容來緩和氣氛。」

「笑著拒絕感覺沒那麼討厭，伸手不打笑臉人嘛……」

簡單來說，就是不想給人留下壞印象、不想弄僵氣氛。

笑著說可以緩和氣氛？那只是你的自以為

笑著說別人不喜歡聽的話，眞的可以緩和氣氛嗎？

其實冷靜思考過後你會發現，這根本就是無稽之談。相反的，一臉正經地說「我希望你不要再這麼做了」、「這一點希望你可以改進」、「抱歉，恕難從命」，不是更能讓對方感受到你的眞心誠意嗎？

笑著糾正別人，可能會讓人覺得「沒什麼大不了」，因而重蹈覆轍。

笑著拒絕別人，可能會讓人覺得你「其實可以接受」，因而對你死纏爛打。

因此，覺得笑著說就可以和平解決、成爲別人心中的好人，不過是你的「自以爲」罷了。這種行爲看在別人眼裡，說不定還覺得你是個心口不一的笑面虎呢！

言行一致才能打造良好的溝通

正如我在拙作《扭轉結果的溝通技巧大百科》（コミュニケーション大百科，台灣版由楓葉社文化出版）介紹過的，「嘴臉不一」的人其實出乎意料地多。

嘴上接受別人的請託，臉上卻露出勉爲其難的表情，或眉眼間透露出些許不悅，這樣的態度會讓對方感到困惑，進而有所顧忌，不知是否可以拜託你做事。

在進行自信溝通時，請務必言行一致，將自己此時此刻的眞實感受告知對方。這麼做能幫助我們減少溝通上的落差，讓工作團隊變得更爲圓融。

建議各位回顧一下過去的言行，檢視自己是否有「嘴臉不一」的情況。

再次提醒大家，「你想說的」和「別人看到的」不能有差異，只要往這個方向努力，就能利人利己，溝通起來更加輕鬆。

本章重點

☑ 在自信溝通中，「不說」也是一種選擇

- 說不說應以「會不會後悔」為判斷基準
- 既然做了決定，就不可將責任推卸給別人，或歸咎於狀況與環境
- 「說不出口」與「不說」是不一樣的

☑ 訂立明確的表達目標

- 「講贏對方」、「不被對方討厭」並非我們的目標
- 將想法寫下來有助於梳理目標
- 先釐清最想傳達什麼訊息
- 確認「為何而說」，又是「為了什麼而說」

☑ 客觀事實與主觀看法應分開陳述

- 傳達負面內容時特別容易有先入為主或片面斷定的情形，應特別注意
- 先釐清事實，不妄下定論，在對話的過程中頻頻表示理解，才能與人建立信任關係

☑ 表達時慎選用詞，取得雙方共識

- 使用抽象曖昧的用詞容易引發誤會
- 應告知明確時間，具體說明希望對方怎麼做

☑ 溝通時應確認對方的想法

- 每個人對訊息的解讀都不同
- 先確認對方的想法，切勿妄下定論

☑ 表達內容和表情態度應一致

- 「嘴臉不一」會讓對方感到困惑
- 「伸手不打笑臉人」是無稽之談

第5章

見招拆招！各種狀況應對參考集

1 「攻擊型表達者」的應對之道

面對攻擊型表達者該如何保持冷靜？

本章將透過眾多事例進行說明，對症下藥，教各位在遇到各種溝通難題時該如何應對表達。

經常有各年齡層的人來向我請教「該如何與攻擊型的人溝通」，就結論而言就是八個字：「言簡意賅，重複重點。」

與這類人溝通時，若句子說得太長，很容易惹得對方不耐煩，甚至直接打斷說：「所以呢？重點是？」因此，請務必長話短說。

句子應以下述長度爲佳——

○「對於～（某件事），我認爲～。」

◯「因為～等原因，很抱歉，我無法答應你的要求。」

簡單來說就是「言簡意賅」。

這時對方若費盡唇舌要講贏你，就不斷向他重複重點。舉例來說，他三番兩次逼你就範，就不斷重複「抱歉，這沒辦法」這句話即可。

最好給對方「不動如山」的印象，讓他喪失戰意：「我遇到對手了！再繼續爭下去好像也沒用……都已經進攻成這樣了，這個人怎麼毫不動搖？」

不給攻擊型表達者見縫插針的機會

和攻擊型表達者說話時，只要話說的太長，對方就很有可能會發動攻擊。建議各位參考前面的例子，只說你最想傳達的訊息，簡單明瞭地重複重點。此外，堅決的態度也很重要，切勿畏畏縮縮、支支吾吾，否則只會讓人趁虛而入。和這類人溝通前，建議用以下簡短句型來進行表達練習——

○「對於（某件事），我認爲～。」

○「這個案子値得推行。」

○「身爲現場人員，我建議～。」

○「我只想說，這次就試試看吧。」

○「我希望你能重新評估。」

放棄也是選項之一

攻擊型表達者習慣打斷別人說話，不等人說完就自顧自地高談闊論。遇到這種情形，請冷靜地告訴對方：「麻煩你先聽我說完。」

有些攻擊型表達者甚至會直接開罵，拜託他做事就大動肝火說：「你沒看到我在忙嗎？哪有美國時間幫你！你也看一下狀況好不好？」

遇到這種情緒化的人，請不要對這些話作出反應。這時應秉持「先理解再解決」的原則，先表示理解：

○「是啊，你現在確實很忙。」

再討論解決方案：

○「那我們想一下要怎麼解決這個問題。」

放棄也是一種選項。可視雙方關係進行評估，若對方感覺不可能讓步，就訂出放棄的底線。

建議大家以「將想法傳達給對方」作爲溝通目標，這麼一來，即便對方反應不如預期，也可在適當時機選擇放棄。

如果你因爲某些原因一定得說服對方，就要設法再出招，像是問他說：

◯「我們一起想辦法好嗎？請問要怎麼做你才能答應呢？」

當消極型表達者遇見攻擊型表達者

很多消極型表達者在和攻擊型表達者溝通時，都會因爲緊張而閃爍其詞，導致溝通無疾而終。

如果對方不好說話，建議於事前進行雙階段的準備與練習。

消極型表達者一般較難釐清自己的想法，第一階段請執行第四章所介紹的「書寫梳理法」，將想說的話寫下來，像是——

● 我希望你能明白～

● 因爲～，這件事我希望可以～

用文字梳理好思緒，提早做好準備。

第二階段則是練習說說看。

消極型表達者在與人溝通時，大多都有吞吞吐吐、遲遲不切入主題、語氣不明確等問題，因缺乏俐落溝通的成功經驗，即便是親手寫的句子，也可能說得不甚流暢。

建議這類表達者可透過角色扮演、實際說出聲音來練習。因正式上場時可能會緊張到腦袋一片空白，一定要多練幾次，練到即便緊張也可以自然脫口而出的程度。尤其是剛接觸此法的人，請務必多加練習。

上駕訓班時，沒有教練會讓學員沒練習就直接上路，溝通也是同樣道理，只要肯練、多練，就一定能夠朗朗上口。

很多學員在課堂上進行三次角色扮演練習後，就能夠做到不失常，對攻擊型表達者說出想說的話，還請各位保持耐心勿心急。

一個人也沒問題！單人角色扮演法

只有一個人要怎麼進行角色扮演練習呢？第一步請先執行「書寫梳理法」，將想說的話全數寫出。

寫完後，想像一下對方可能會怎麼反駁，像是「說到這個、他可能會回我什麼」、「這邊他應該會發動攻擊」、「這段他應該會有所反應」等等。如果對象是平常有在相處的人，應該不難想像才對。

上研修課時，我會請學員想像對方的反應，並針對該反應寫出想說的話。

平常不習慣整理思緒的人得花不少時間才能梳理出「真正想說的話」，但在執行過幾次後，很快就能整理出來了。

但請注意，有些人即便事前做足了準備，實際面對練習對象時，還是會不小心脫稿演出。獨自練習時若發現自己有這種情形，請反覆確認講

●消極型表達者面對攻擊型表達者的事前溝通準備

①書寫梳理法

- 希望你能明白～

⬇

預想對方反應

②反覆練習

- 練習時要說出聲

進行單人角色扮演法

稿，多練習說幾次。

要熟練此法需花上大量的時間與精力，但熟能生巧，只要你肯付出，面對強勢的人也一樣能展現出對等自信的一面，成爲自信溝通高手。

此法切勿求快，一開始可能會出現效果不彰的情形，還請各位不要灰心，配合自己的步調，鍥而不捨地練習。

將突如其來的天外飛箭拔出來

如果對方毫無預警地罵人，我們又該如何應對呢？

有個人依客戶要求做好了文件，客戶看完卻大罵道：「這是什麼爛資料啊？你這樣什麼都不懂是要怎麼工作，要我怎麼跟你談？」

這種說法十分傷人，足以讓人動氣或亂了心神。

被這種「天外飛箭」射傷，首要之務便是把箭拔除，客觀地分析對方說的話哪些是事實、哪些是合理的批評、哪些是謾罵。

「這是什麼爛資料」、「什麼都不懂」——如果你無法對這類情緒性批評充耳不聞，建議應當場「接招回擊」。若當下腦袋一片空白來不及反應，也可另尋時機與對方進一步溝通——

○「我思考了一下您剛才說的那些話，可以請您和我談談嗎？」

○「很抱歉我沒能完成您的指示，接下來您希望我怎麼處理呢？」

冷靜詢問後，就能心平氣和地應對。

如果你覺得對方說得太過火，讓你感到很受傷，也可對他說：

○「我在做這份資料時有好好思考，所以實在很難接受您剛才的說法，我不希望您認定我是那樣的人。」

大多人受到攻擊都很難冷靜以對。如果無法即時回應，等冷靜下來再去找對方也沒關係。在與攻擊型表達者接觸時，「接招並回擊」也是表達的選項之一，還請事先做好心理準備。

2 如何拒絕客戶的不合理要求？

說明拒絕理由，提出替代方案

當客戶提出不合理的要求時，又該如何應對呢？

若是能力所及，或許還能硬著頭皮答應下來；但如果做不到，就只能拒絕了。而拒絕客戶的關鍵技巧，就是明確告訴對方「爲何做不到」。

既然是工作上的客戶，要拒絕定得提出足以接受的理由，這樣關係才能長久，如果是因爲某些限制而做不到，也可以向對方提出替代方案，告訴對方在什麼樣的條件下可滿足他們的要求，像是——

○「若改成○○，我們就能提早交貨。」

○「如果是○○，我可以幫您處理。」

提出替代方案能展現我方誠意，這麼一來，即便拒絕對方，也不會給人留下不好的印象。

○ 在斟酌是否答應時，應思考對方爲何會提出如此苛刻的要求（交期貨金額等），背後應該有其原因，若有必要，也可主動向對方詢問：

「請問您爲何提出這樣的要求呢？是有什麼原因嗎？」

「奧客」的應對之道

有些人仗著自己是客戶，就對業務或廠商予取予求，還把一切當成天經地義。這時就可以用下面這種說法來表明我方態度——

○「到目前爲止我們都很努力滿足您的需求，但說老實話，這讓我們費盡了心思與精力，希望您以後可以~。」

若是等到忍無可忍才情緒爆發說：

×「你知道我們被你搞得有多累嗎？」

只會造成反效果。

建議可試著據實以告，讓對方了解你的不易，像是：

○「至今我們爲了達成您的要求，即便負擔繁重都還是全力配合。但再這樣下去我方恐不堪負荷，今後煩請您遵守原本定好的條件。」

無論內容多麼難以啓齒，還是要畫出一條分界線，釐清哪些話適合說，哪些話不適合說。

3 「狐假虎威」的應對之道

就算權威者說A，你一樣可以說B

常聽人在說話時拿權威者當擋箭牌——

「老闆都這麼說了，就聽老闆的吧。」

「這是高層說的，當然不會錯。」

「這可是主管說的喔，你就別多嘴了。」

很多人聽到權威者的名字就有所顧忌，但其實，面對這種「狐假虎威」的人，我們一樣可以說出自己的意見。

例1「老闆都這麼說了，就聽老闆的吧。」

↓「老闆這麼說確實有他的道理，但我希望你能聽聽我的看法……」

例2「這不是理所當然的事嗎？」

↓「我明白你的意思，但對我而言這並非理所當然，所以我認爲～。」

用說明的方式取得對方的理解。

目標只有一個：「將想法傳達給對方」

如果對方說的話只是片面斷定或自以爲是，這時可先「暫且接受」他的意見，確認完自己對其言行有何想法與感受後，再決定說與不說。重點在於，一旦決定要說，就要大方地說出來。

遇到這種情形，切勿責備對方說：「你憑什麼妄下評論！」

這時應設法讓對方理解，你可以對他說：「希望你能明白不是每個人都那樣想。」、「我想讓你知道，這件事其實還有很多看法，像是～」讓他明白你的想法。

常有年輕學員告訴我，有些同事會拿主管或老闆的話來壓人，老是把「這是主管說的」、「這是老闆說的」掛在嘴邊，令人厭煩，上班都提不起勁了。

下次遇到這種情形，無需一個人生悶氣。試著「讓對方理解你的想法」，才能進行更有建設性的討論。

●如何才能「將想法傳達給對方」？

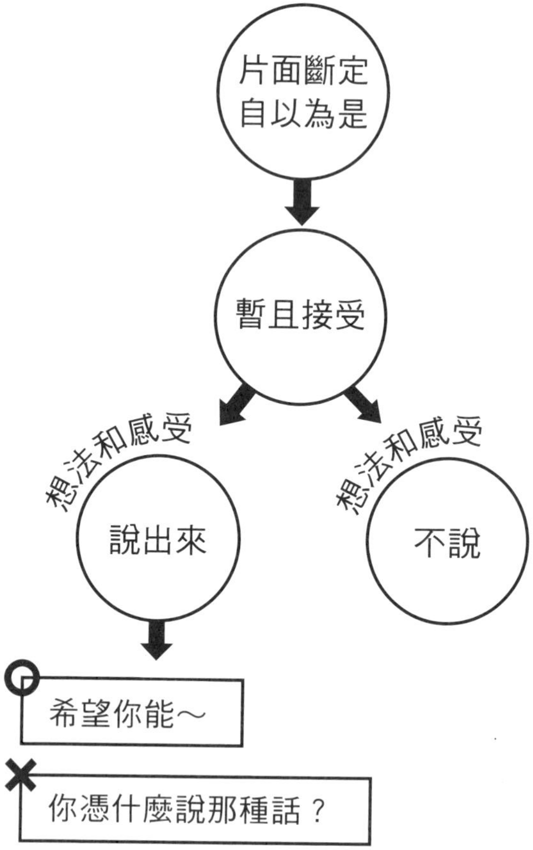

4 「無自覺攻擊者」的應對之道

將重點放在陳述事實

有些攻擊型表達者對自身說話方式沒有自覺，因主觀意見容易引發他們的攻擊，和這類人溝通時，應將重點放在客觀事實上。

在這種情況下，「講話方式」便顯得格外重要，切勿一開始就妄下定論，只提出希望對方改進哪些地方。

【例】

D是公司裡的高階主管，他有個說話口無遮攔的下屬，經常對人說一些不得體的話，像是——

「你真的很沒用。」

「送你三個字，辦不到！」

「你怎麼連這種事都做不好？」

該下屬總是滿不在乎地說出非常傷人的話，對象除了同事、後輩，就連對上司也不知收斂。

每當D出言制止說：「不用把話說得那麼難聽吧？」他就大言不慚地回道：「我又沒說錯！這不是理所當然的事嗎？明明就是對方的問題！」

這讓D傷透了腦筋，不知拿他如何是好。

和這類人溝通時，應避免使用曖昧詞彙，也不要說出主觀斷定。

假設D對下屬說：

×「你對同事講話怎麼這麼口無遮攔。」

×「你知道你每次講話都很傷人嗎？」

可以想見，下屬一定反擊說：

「我又沒有那個意思！」

「每次？我哪有每次講話都很傷人。」

下屬之所以進入戰鬥模式，是因爲「口無遮攔」和「傷人」都是D的主觀想法。

爲避免刺激到對方，這時應用下述方式來表達——

先陳述事實，也就是他實際說過的話：

○「我有事要拜託你，之前你曾對同事說過『你眞的很沒用』、『你怎麼連這種事都做不好？』，這件事你還記得嗎？」

接著再提出要求：

○「即便大家都是同事，聽到這種話還是會往心裡去，甚至內心受到傷害，請你以後不要再用這種方式說話了。」

◯「我希望你可以用建議的方式與人溝通，告訴對方你希望他怎麼做。」

有些攻擊型表達者聽到別人數落自己，態度就會變得異常激動，甚至惱羞成怒，把錯推到別人頭上：「我只是實話實說，誰叫那個人的工作能力那麼差！」

遇到這種情況，無須責罵他的態度，而是心平靜氣地陳述事實，告訴對方你希望他怎麼做，像是：

◯「身爲你同一部門的團隊夥伴，我希望你以後可以～。」

用要求取代怪罪

這裡要特別提醒大家，責怪攻擊型表達者可能會使他們惱羞成怒。與這類人溝通時應避免使用責備式語句，像是：

× 「大家都被你的話傷到了。」

× 「同事都說你很過分。」

這時應先列出對方實際做過的言行，然後以要求取代怪罪，明確地告訴他：

● 你希望他以後怎麼做

● 爲什麼要這樣做

爲避免對方反彈，闡述要求之餘，也要聆聽他們的想法：

○ 「你會那樣說應該有什麼原因吧？」

如果對方抱怨說：「那個人做事拖拖拉拉，說了不聽，聽了又不改。」

這時再開導他：

「原來是因爲這樣你才說那種話，不過，之後大家還要共事，若不能好好溝通，你做起事來也不方便對吧？所以就像我剛才說的，之後要請你改變說話方式。」

除了說話方式，時間的掌控也非常重要。時間一拉長，對方就有更多機會發動攻擊，因此講完重點後就可收尾說：

○「就這樣，希望你可以明白我的意思。」

○「我找你來就是爲了說這件事，再麻煩你了。」

因還需要聽對方說明原因，溝通的時間應以五到十分鐘爲佳，並找適當的時機結束談話。

「池魚之殃」的應對之道

相信各位工作時一定都遇過無妄之災，莫名其妙遭人怪罪，認定就是你的錯、都是因爲你沒確認才會出問題。

事實上我也遇過這樣的情形，這種橫禍實在是想躲都躲不掉。這時若急著替自己喊冤：「哪是我的錯！你不要亂說！」很有可能會引發口角。正確的做法是先要求釐清事實：

◯「這中間應該有什麼誤會，我先確認一下事情原委。」

◯「這件事當初沒有人交代我，請先讓我釐清一下是怎麼回事。」

這種時候更應保持冷靜，在表達方式上更加留心，心平氣和地告訴對方：

◯「當初沒有人交代我這件事，A只要求我處理到這個階段。」

◯「請問我該怎麼做？能怎麼處理呢？」

●面對攻擊型表達者的說話小技巧

✕ 怪罪數落

- 「大家都被你的話傷到了」
- 「同事都說你很過分」

↓

小心對方惱羞成怒！

○ 釐清事實

說出對方的實際言行

↓

傳達重點

- 你希望他以後怎麼做
- 為什麼要這樣做

5 與攻擊型表達者的溝通訣竅

這樣回答才不會火上加油

絕大多數的攻擊型表達者都希望想法獲得認同。

如前所述，和這類型的溝通重點在於「先表示理解」，比方說：

○「原來你是這麼想的……」

○「原來你有這種感受……」

若對方說：「那是你的責任不是嗎？」

就可回說：

○「原來你認爲那是我的責任……」

保持冷靜很重要，如果我們先行進入戰鬥模式，急著否認說：

×「才不是！」

對方很有可能會變本加厲，甚至破口大罵叫你閉嘴。

因此，在進入正題之前，請先用「理解」作爲緩衝：

○「你的意思是～，對吧？」

○「原來你的想法是這樣。」

接著確認其想法的緣由：

○「可以請你說得詳細一點嗎？」

○「你爲什麼會這樣認爲呢？」

這時不能被對方牽著鼻子走，應明確地說出你同意和不同意的地方：

○「我同意Ａ，但對於Ｂ我認爲～」

降低攻擊的發動機率

無論溝通對象爲何種類型，我們都不能表現出「戰意」。當對方盛氣凌人，我們也會跟著暴躁起來，這時忍耐就顯德格外重要。

一旦我們進入戰鬥模式，對方也會跟著砲火全開，不講贏決不罷休。因此，爲避免引發戰火，請務必沉著以對。

只要心裡有一絲不悅，無論情緒再怎麼微小，還是有可能表露出來，進而給對方發怒的機會：「你那什麼態度？眞沒禮貌！」還請各位特別注意。

此外，應避免使用否定式語言。很多人不過是說了句「可是……」，就被對方一句「閉嘴！乖乖聽我說！」嚇得噤若寒蟬，事後才愈想愈氣。基於以上原因，溝通時應極力「避戰」，不要讓自己或對方進入戰鬥狀態。

「被動式攻擊者」的辭職應對法

發動被動式攻擊的人基本上都有一個特徵——「什麼都是別人的錯」。明明是因為自己的問題才辭職，卻不肯承認，一味把錯推給別人。有些人甚至還會施放「暗示攻擊」，間接表示他辭職是因為某某人，都怪某某人沒有好好教他等等。

辭職會增加同事的工作量，只要有人辭職，剩下的人就必須分擔該員的工作。而這類人正是為了推卸責任，才故意釋放出「我辭職都是你害的，並非我的問題」這種訊息。若把這些訊息當眞，那可就麻煩了。

建議各位，若團隊裡有被動式攻擊者提出辭呈，請依照下述步驟處理即可——

① 先表示理解：「我明白了」。

② 對於與事實不符的說詞表示：「沒那回事，你誤會了。」

接下來不用與他爭論什麼，而是將重點放在工作的補救上，設法加強團隊默契與合作精神，以防影響到後續工作。

氣到七竅生煙？小心正中對方下懷！

被動式攻擊處理起來十分棘手。

但，再怎麼難辦，還是得面對，免得團隊陷入烏煙瘴氣，導致工作停擺。

「他爲什麼偏偏選在這種時候做這種事？」

「他憑什麼可以這樣對我？」

——怨氣長期鬱結於心，小心積鬱成疾！對這些人而言，你的痛苦就是他的快樂，其目的之一就是讓你傷透腦筋，千萬別讓對方得逞。

當對方發起「被動式離職」，怪東怪西又找一大堆藉口，請直接糾正他說：「你說的並不是事實。」然後轉換心情，告訴自己：「別擔心，這不足以影響我們。」並訂定他離開後的工作計畫。

有些人實際這樣處理後，發現即便少了那個人，工作還是一樣順利，整個團隊反而往更好的方向發展，甚至不禁感嘆：「幸好那個人辭職了！」

為自己畫一條「表達底線」

你的職場裡有「被動式攻擊發動者」嗎？

比方說，過年連假前，辦公室裡的每個人都忙得焦頭爛額，有個人偏偏就要在這種時候惹出各種麻煩。

這類人的目的就是扯人後腿，當然不會避開特別忙的日子，即便無心，還是會下意識地選擇這些忙得要死的「良辰吉日」來鬧事。而且，這些人非但不覺得自己有問題，還把錯全推給別人。

看到平常人還不錯的同事竟然有這樣的一面，肯定是愕然不已。這時就得做出精準的判斷，要不要告訴他這是不對的呢？如果要說，又要說到什麼程度呢？

如果你希望對方不要再犯，建議還是告知爲佳。但要注意，請不要說得太過了，像是：

×「少騙了！你根本是故意的吧！」

這種說法容易導致對方惱羞成怒，對你記恨於心，甚至做出變本加厲的行爲。

如果那人即將離開，而說出來只會讓情況變得更糟，「不說」或許才是明智的選擇。

如何看待「求關注行為」

這世界上還有一種人，一天到晚纏著別人，要人教他這個、教他那個，講話沒有重點，佔用別人的寶貴時間。

這類人乍看屬於「消極型表達者」，實際上卻很獨斷，完全不把別人的時間當一回事。

有些人習慣用「煩惱」爲由尋求他人庇護，有些人則是故意引人擔心以博得關注。這類人其實相當常見，相信各位的職場中一定有這種人，一般出現在那些心軟又喜歡照顧人的人身邊。

以前有個人來找我諮詢，說他的委外廠商常常拖貨，不守交期，每次拜託那人做什麼，對方都有千百個藉口。他雖無奈但還是處處包容，一直合作到了現在。

我問他：「那你爲什麼不和她斷絕往來呢？」

他回答：「她是有苦衷的，工作和情場都不順利，眞的很可憐……」

要怎麼跟這類人相處是個人自由，只要你願意，當然可以讓人依靠、照顧別人。你可以覺得：「沒辦法，誰叫他沒有我不行。」也可以和這個例子裡的人一樣正面看待，認爲這是一種助人爲樂的行爲。

如果你身邊也有這種「求關注魔人」，請務必訂出一個底線。若對方的行爲並未妨礙到你的生活或工作，那都算是容忍範圍。

恪守底線，做不到就如實以告

對「求關注行爲」畫出底線後，就可以告訴對方「你可以容忍到什麼程度」。請務必守住底線不可退讓，因爲只要開了先例，對方就會變得肆無忌憚。

此外，消極型表達者在拒絕「求關注魔人」時容易產生罪惡感，覺得對人棄之不顧是不好的行爲。但其實，當你對某人的行爲感到負擔、不斷忍氣吞聲，這時告訴對方你的界線在哪裡，怎麼會是件壞事呢？

一味勉強而產生壓力，這樣的關係是不會長久的，還請以自己的感受爲重。

6 讓「消極型表達者」輕鬆說NO！

有難事相求就「套話」

當我們有難事要拜託消極型表達者，請用下述方式詢問他：

◯「我有件事想拜託你，但我擔心這件事可能會造成你的負擔，所以想先問問你有辦法處理到什麼程度。」

因爲這類型不擅拒絕別人的請求，即便超出能力範圍，他們也無法直接說不，所以才要用這種方式引導他們說出難處。

◯「請告訴我，你可以幫到哪裡、可能沒辦法做哪些事情、要怎麼安排才不會造成你的負擔。」

這麼一來，對方就可以順著你的話回答：

「我可以處理A，但沒辦法處理B，這樣安排才不會造成我的負擔。」

有事拜託這類型的人時應以引導爲佳，用一來一往的方式「套話」，確認對方哪些事做得到、哪些事做不到。

溝通應配合對方步調

如果溝通對象性子較急，沒耐心等人說完就急著插話，講話就必須盡可能地簡單扼要，只強調重點。

如果溝通對象是消極型表達者，說話的步調就得比對方慢，留空白時間給他回應。語氣太過強硬會讓這類人不知所措，請配合對方的說話步調，放軟語氣，輕聲細語。

尤其主管級人物更要多加注意，免得在職位權力的加持下，給對方造成更大的壓力。

很多人在我的課堂上進行過角色扮演練習後，才發現自己有很多不自覺的說話習慣。主管階級常見的說話習慣如下——

● 板著臉、緊皺眉頭
● 冷不防地雙手抱胸

這樣的表情和動作容易造成壓迫感。

● 得理不饒人

- 反覆問「為什麼」
- 打斷對方、搶著說

這三個都屬於攻擊型溝通表現，若發現有這些習慣請盡力改進。

大多消極型表達者都不太敢拒絕別人，向他們提出較為難的要求時，應特別注意說話的語氣和態度。

7　「高敏感族群」的應對之道

語氣平和，耐心等待

很多主管都不知道該如何與心思細膩的下屬溝通。

「高敏感族群」又稱ＨＳＰ（Highly Sensitive Person），是指天生感受能力較強、個性較敏感的一群人。高敏感族群受到責備、糾正等負反饋時，容易因爲過分在意而情緒消沉。

在傳達負面內容時，請務必保持輕聲細語、語氣平和，聲音大一點、語氣差一點，都可能讓他們誤以爲在責怪自己。

內容方面，爲避免混亂，一次應只說一個重點，比方說：

○「關於這件事，我希望你以後可以～。」

請不要用責備的說話方式，像是：

×「你這樣做不行。」

而是用要求代替責怪：

○「希望你能把A改成B。」

如果對方東西經常遲交，工作頻頻出包，就可以說：

○「我想和你談一下工作期限的重要性，因你上次有遲交的情形，我希望你可以用這樣的方式改進。」

◯「這份工作的進度有點慢，我希望你可以遵守期限，在◯月◯日前交出，有什麼困難請隨時和我說。」

說話時應放慢速度，適時留白。

有些人需要一段時間才能釐清語意、理好思緒，問完話請務必留空檔給對方回話。

別因表情錯誤而功虧一簣

在和高敏感族群溝通時除了要注意用詞，也要特別留意臉部表情。以前我就遇過這麼一個因表情造成誤會的例子——

一名主管問下屬說：「這件事你打算怎麼處理？」

兩人談到一半，下屬突然一副不知如何是好的模樣，主管見狀問他說：「怎麼了？」

「主管你剛才露出了不高興的表情，我在想自己是不是說了不該說的話。」

原來是下屬剛才的回答出乎主管的意料之外，主管沉思的表情讓下屬覺得他在發脾氣。

我知道對急性子的人而言，就連三秒也等不及，但如果對方已經明顯在思考，或突然抬頭或低頭沉思，請給他二、三十秒的時間。

三十秒的空白很漫長，這時可向對方說：

○「想到什麼就說什麼沒關係。」

○「有話可以直說。」

視訊時一直盯著會讓人感到緊張，等對方回答時應低下頭或看向旁邊，刻意不去看對方，請勿直盯著螢幕或鏡頭，以免給對方造成壓力。

與消極型表達者溝通的注意事項

在責備完消極型表達者後，應特別照顧其內心感受。有時只要一句話就足以讓他們安下心來：

○「我很高興能跟你談這些，因爲今後我們還有很長一段路要走。」

○「之後就拜託你了。」

有些人警戒心較強，不輕易向人敞開心扉，面對這類人不可操之過急，每次交流都要拿捏好分寸。

要引導他人敞開心房，也可主動「自我揭露」，像是——

○「我也有和你一樣的經驗。」

○「我也有很多難以向人啓齒的事。」

先主動透露自己的相關訊息，對方自然比較好開口。此外，連珠炮般的說話方式會讓人找不到時機插話，說話時應放慢語速，留空白給對方闡述意見，切勿喋喋不休。

態度和表情也十分重要，不可顯露出絲毫的焦急與不耐煩，或做出容易引發誤會的表情。

舉例來說，「低頭沉思」這個動作就很容易招來誤解，在露臉的情況下，應時時保持穩健的表情。

「然後呢？」這句話也應特別注意，以前有人告訴我，每每聽到上司說這句話都讓他壓力很大，連續被問幾次就不敢再說下去了。

8 從消極表達到自信溝通

三招改善講話沒重點

消極型表達者說話拐彎抹角，經常繞了一大圈還是不知道在講什麼，導致聽者耐心盡失，不耐煩地打斷或插話。而偏偏這類人遭打斷容易變得不知所措，甚至緊張到語無倫次。

有些消極型表達者講了幾次發現還是講不好，便用笑容掩飾尷尬，然而這看在對方眼中卻成了嬉皮笑臉，反而更煩躁了。

如果你有消極表達的問題，建議平常可用下列三種方式練習——

- 說重要的事應事前準備（寫下來、練習說說看）
- 練習長話短說
- 整理重點，練習用短句說話

這三種練習能有效避免上述情形，改善講話支支吾吾、語無倫次、用笑容敷衍等問題。

另外，我在課堂上發現，很多消極型的人說話句子都不完整，像是只說「因爲……」便打住，兜圈子半天卻不說重點，還請多加注意。

從姿勢和態度下手

除了改變說話方式，改變態度和姿勢也可有效改善消極表達的問題。視線就是其中之一，有些人說話時眼神閃爍，或思考時眼神飄忽不定。建議大家說到重點處請看著對方的眼睛，這麼做能增添說服力，讓人明確接收到你想表達的訊息，像是你有什麼想法和要求、有什麼難處等等。

此外，說話時應保持沉著，抬頭挺胸大方說話，不要抖動身體，以免分散對方的注意力。

與人視訊時，則要注意臉不要離鏡頭太遠，抬頭挺胸，做出明顯的表情。

9 「推辭魔人」的應對之道

導正對話方向，討論更有建設性

有一種人是這樣的，每當有人拜託他們做什麼，就會推三阻四，找一堆理由表示做不到。

這些人之所以推辭，除了是因爲沒自信，有部分則是爲了自我防衛，怕出洋相或太辛苦。

他們最常用的三種說詞就是：

「反正～」

「可是我～」

「沒辦法啊，誰叫～」

這時請回他：

◯「我想先和你談談我想拜託你的事情。」

◯「我想和你討論一下，看要怎麼做，你才能接受這份請託。」

唯有像這樣導正對話方向，才能進行有建設性的討論。

接著請詢問對方覺得做不到的理由：「為什麼你會覺得自己做不到呢？」

聽完理由後應先表示理解：

○「原來如此，沒經驗確實會令人不安，也難怪你有這種反應……」

這時出言引導也相當有效：

○「原來你是因為沒經驗而感到不安，那請你想想，要怎麼做才能完成這個任務呢？如果有我可以幫忙的地方，請直接和我說。」

中途即便感到不耐煩，也應盡量隱藏情緒，不要讓對方有所察覺。

一招解決攻擊式反駁問題

那些喜歡把「可是」、「誰叫他」等詞彙掛在嘴邊的人，通常也習慣用這樣的方式反駁他人意見，這其實屬於攻擊型表達的一種。

遇到攻擊式反駁時，該如何避免口舌之爭呢？如果對方是你可以糾正的人，適時提醒便可改善其行為。

以前我就遇過類似的情形，因對方動不動就說「可是」、「誰叫他」，我便直接提醒他說：「你知道你講話有口頭禪嗎？」我將他實際說過的話重複一遍後，他才發現自己居然有這種說話習慣。

待他理解問題所在後，我便向他提議說：

「頻頻反駁是無法與人和平對話的。建議你與人說話時，可以先用『是這樣啊』、『原來如此』這類句子來回應，這樣人家也比較好與你互動。」

對方聽完這番話後果真欣然接受，沒有反駁或做出攻擊反應。

若你遇到的攻擊式反駁者還算明理，不妨試著用上述方式點醒對方。

若一定得和滿口「可是」的人共事，建議爲對方指引方向，設法讓他有所作爲：

○「可否請你思考一下該怎麼做才能解決問題、該怎麼做才能達成意見上的一致。」

之後可參考前面的例子，心平氣和地陳述事實（對方的態度）。

遇到這類人還請以提點和引導爲佳，以免爆發口角。

10 如何成爲「投訴達人」和「投訴處理達人」

投訴三步驟

投訴是爲了尋求解方。

當基於某些原因不得不投訴時，請務必依照「狀況、感受、要求與期望」的順序表達。

①

第一步：告知狀況

此階段只告知事實（發生哪些事令我方不悅），像是——

- 因爲~，讓我覺得很不高興
- 因爲~，令人感到不舒服
- 交貨不準時
- 商品破損
- 某員工處理方式欠佳

②

第二步：告知當時感受

- 當時我感到不知所措
- 我因爲商品一直沒寄到，每天都魂不守舍的

③第三部：告知要求與期望

- 希望今後你們可以這樣處理
- 以後交貨請務必準時，若實在來不及，請這樣處理

上述「投訴三步驟」有事半功倍的效果，還請務必一試。

投訴時應保持冷靜，以免因太過激動而不知所云，並事先整理好想說的話，設法將想法傳達給對方。

小心被加入「奧客黑名單」

你曾因爲情緒激動而口不擇言嗎？

投訴時怒火中燒又未能保持冷靜，提出各種過分要求，將構成「顧客騷擾」（Customer Harassment）。

顧客騷擾是近幾年才受到矚目的問題行爲，指濫用消費者和客戶身分

對企業提出不合理的要求。應特別注意以下這些行爲：

- 不願多談就提出「下跪道歉」、「支付精神賠償」等過分要求
- 人身攻擊
- 得理不饒人，窮追不捨

這些行爲只會把場面弄得很難堪，導致雙方無法冷靜解決問題，最糟還可能被視爲「奧客」，直接加入黑名單。

「這就是你們的待客之道嗎？憑什麼只這樣對我？」——投訴時，應避免這種把別人逼到死角的罵法。

即便心裡不爽，還是要把重點放在改善問題，簡單明瞭地告知「狀況、感受、要求與期望」。

攻擊式投訴的應對之道

當我們身爲接收投訴的那一方，應保護自己不受對方情緒影響。即便投訴人來勢洶洶、怒火中燒，甚至破口大罵，我們也得保持心平氣和。

若對方情緒較爲激動，請先冷靜地判斷：「這人遇到什麼狀況？他有什麼要求？」並留意對方的情緒，是不知所措？憂心忡忡？感到遺憾？還是因爲店員態度很差而不高興？

釐清這幾點是解決問題的關鍵，還請務必仔細確認。這時若說話支支吾吾、或態度語氣不佳，反而無法釐清對方的要求，對解決事情有害無益。

如果對方大吼大叫，害得你也跟著情緒激動，則應設法平靜下來，將自己視爲雙方之間的橋樑與中間人，冷靜以對。若對方看不到你（透過電話等），則可深呼吸一口氣，然後告訴自己：「他不是在攻擊我。」若對方是公司的客戶，則可告訴自己：「這個人是生公司的氣，不是生我的氣。」

投訴處理範例

收到投訴後，宜第一時間設定處理目標。

若對方心存不滿，則應確認他有何要求。

有人是想要換貨、希望改善待客態度，有人則單純求一個道歉。我們無法滿足所有要求，但可在能力範圍內提出建議。比方說，如果對方開出十分過分的條件——

「立刻叫那個人辭職！」

「給我寫道歉啓事！」

「你們要付給我精神撫慰金！」

這時就可以嚴肅且率直的態度回道：

「很抱歉，這件事我們恕難從命，還請您理解。」

另外要注意，不要只是一味道歉，這樣反而會讓對方感到不舒服，彷彿投訴是他的錯一樣。

○ 獲得對方理解後，下一步便是表達感謝，然後放眼未來：

「感謝您的理解，今後有任何事情都可以跟我們說，再麻煩了。」

○ 如果對方還是忿忿不平，不願接受你的說法，則應再次道歉並收尾：

「這次真的非常抱歉，我們今後會多加注意並改進，還請您今後多加關照。」

戰戰兢兢討對方歡心？小心搞錯目標！

再強大的溝通技巧都無法掌控對方情緒。

即便我方已釋出最大善意，對方也不一定買帳。

在上投訴處理方法的相關課程時，我發現有些人會過度尋求投訴者的諒解：「我已退讓至此，爲何對方不能欣然接受？」但其實，處理投訴應秉持兩個原則：

- 做能力範圍內的事
- 提醒自己：「我們無法做到對方百分之百滿意。」

無論對象是客戶、上司，還是廠商，我們都應秉持這兩個原則，而非過度討對方歡心。

這世界上，多的是不願妥協、愛生氣的傢伙。

即便是和朋友或另一半吵架，一時半刻無法和好的也大有人在。

不願妥協是他的問題，愛生氣也是他的問題，我們無須將「讓對方完全消氣」作爲目標。若對方是客戶或廠商，應將處理重點放在下不爲例，而非一味取悅對方。

11 讓對方直言相告：「眞心話引導術」

「眞心話」是建立堅強信任關係不可或缺的要素。建議各位應直言了當地告知目的，請對方直言相告：

○「○○，我希望可以跟你長久共事，所以你有任何想法都可以和我說，不要有所顧忌。」

○「我希望與你建立良好的合作關係，有話就直說吧！」

如果對方看上去有點緊張，也可約他去喝咖啡或喝茶，邊喝邊聊。

如今很多溝通都於線上進行，透過鏡頭一樣可以邊吃喝邊談心。重要事宜應以當面談爲佳，但還是要考慮對方的狀況，若無法見面，亦可透過電話或視訊；若可當面談，則應選擇適當的時間與環境。

無論身處什麼時代，要與人談心都必須請對方空出一大段時間。建議相約時可先詢問對方：

- 「你什麼時候方便長談呢？」
- 「我們約什麼時候好呢？幾點你比較方便？」

以確保對方空下足以促膝長談的時間。

如今這個年代，我們很少有機會和同事聊工作以外的事。與人溝通時，製造「談心」的機會也與「聽」和「說」一樣重要，還請大家多加費心。

12　屢勸不聽該如何是好？

惦惦自己的斤兩

若對方在溝通方面經勸告卻未見改進，請務必再次告知你的期望與要求。但想當然耳，一定也有人屢勸不聽。

遇到這種情形，請先闡述對方屢犯不改的事實，再告知其行爲帶來的弊害，讓他知道其他人爲此受到多大影響，且事情已到了不得不設法解決的地步：

○　「你再不改掉這個習慣，我眞的會很傷腦筋，現在已經引發○○問題了，你這樣不僅造成客戶的麻煩，還會影響團隊的工作成果！」

○「我今後還想與你共事，請你務必改進，我們一起想想要怎麼改善這個問題。」

在這裡要提醒大家，就現實面而言，職場上有很多這類問題是難以解決的。很多時候我們盡力了，卻也是無可奈何。

在憤怒管理的概念中，當遇到勸了不聽、聽了又不改的人時，偶爾也要「惦惦自己的斤兩」，界定出「有能力控制的範圍」和「無法控制的範圍」，前者得以改變，後者則無力回天。

當你認為對方屬於「無法控制的範圍」，就必須以團隊和部署的角度思考該如何予以補救。

適時放棄，杜絕壓力

「爲什麼他就是不聽？我都已經好言相勸了，他爲什麼就是不改！」——遇到屢勸不聽的人固然令人生氣，但遇到這種情況，應秉持憤怒管理的原則，以「擬定解決對策」爲主要思考方向。

如果說了有用，可嘗試與對方溝通。相對的，如果對方擺出一副「我就爛」的態度，就不用多費唇舌了。

如果你已經盡力了，但對方毫無反應，也不見任何改進的跡象，請狠下心來直接放棄，告訴自己：「這太棘手了，我已束手無策！」

要知道，沒有人可以百分之百解決所有問題，評估沒有希望時，就請直接放棄吧。

適時地「接受事實」並「改變做法」，才能免於承受更大的壓力。

13 不小心用話語刺傷別人該怎麼辦？

一句無心話猶如在傷口上灑鹽

現實當中常有人因爲先入爲主的想法，而在無意間說出傷人的話。

有次我到某企業幫主管上課，其中一名職業媽媽平常上全職班之餘，還得照顧家裡三個兒子。因他的兒子分別才七歲、五歲、三歲，正是最令人費心的年紀。在同理心的驅使下，我忍不住對她說：「媽媽眞辛苦，上班還要照顧三個孩子。」

我以爲她會回我說：「是啊，我每天都忙翻了！」沒想到她卻露出了爲難的表情。

我問道：「我是不是哪裡說錯了？」

她這才告訴我：「有時候確實很辛苦。但聽到人家說我辛苦，我還是無法輕易苟同。以前有人當著我小孩的面，說我帶三個一定很辛苦，結果回家後大兒子一臉難過地對我說：『媽媽，我們讓妳很辛苦是嗎？』」

我聽完才恍然大悟，難怪她會如此反應。

有時我們自以爲是「爲人好」，卻只是在傷口上灑鹽罷了。

既然無法完全避免，那就事後盡力補救

無論我們再怎麼謹言慎行，還是可能在無意間傷害到別人。即便說話者本意是好的，對聽者而言卻是格外刺耳。因此，如果對方的反應不如預期，請試著詢問：

○ 「我是不是說錯話了？」

○ 「請問怎麼了嗎？你的反應讓我有些出乎意料……」

當然，說不說在於對方，但主動踏出第一步十分重要。

如果你也有類似的「地雷」，可先想好遭人「踩雷」時如何坦率以對。

以剛才的女職員爲例，如果人家在她的孩子面前說：「一次帶三個小孩，媽媽眞辛苦。」

她可回答：「有時確實很忙，但多虧了他們三個，我每天都過得很幸福。」

每個人的想法都不一樣，我們無法完全避免無心之失。要注意的是，很多消極型表達者即便內心受傷也不會宣之於口，若發現對方反應不尋常，還請務必主動詢問。

14 遠距工作的溝通妙招

「情緒」是必要的共享資訊

前面多次提到，如今許多企業都改採遠距工作，電子郵件、線上通訊因而成了主流的溝通工具。

爲因應潮流，市面上出現了許多「工具溝通法」，教人運用各種線上工具進行交流。但仔細觀察你會發現，很多人以爲線上只能分享「必要資訊」，因而刻意隱瞞情緒。

「本企劃已完成。」

「〇〇告訴了我這件事。」

這樣的資訊雖符合「報聯商（報告、聯絡、商量）原則」，卻無法得知說話者有無不解之處、是否有所擔憂。

這其實是遠距工作特有的問題。以前有個在公司服務三年的年輕職員來問我：

「每每線上接到工作指令，我的內心其實都很不安，不知道自己有無理解錯誤、這樣的做法是否可行。有不知如何處理的地方，也不知該不該在線上詢問。」

他其實說出了很多人的心聲，事實上，很多人遠距工作都遇到了類似的問題：

「我現在每天在家工作，常常遇到問題不知道問誰，眞得是一個頭兩個大」

「每次有疑問都膽戰心驚，不知要在什麼時機發問。」

在此要提醒大家，遠距工作的人只要遇到問題，都應立即向團隊反應。

曾有菜鳥職員在新進職員研修課程上向我哭訴：「我不知該不該把心中的憂慮寫在工作日誌上……」

只要感到任何不安或疑慮，請務必於第一時間讓工作夥伴知道。

「情緒」不等於「情緒化」

遠距工作不同於面對面，無法一一確認每個人的情緒變化。即便主管表明「有問題請直接發問」，還是有人抓不到發問的時機。遇到這種情況，可設立固定的「發問時段」，讓大家安心發問。主管應讓下屬知道，遇到任何困難、有任何情緒，都應立刻告知主管。

要注意的是，這裡的「情緒」並非指「情緒化」，兩者不能一概而論。

無論溝通的對象是誰，我們都應妥善地傳達情緒，告知對方你爲何不安、為何煩惱。

但還是要提醒大家，開多人會議時一味吐露負面情緒，可能會影響討論進度，向主管吐露情緒應以一對一為佳。

於會議開頭分享「新好消息」

「邊閒聊邊溝通」是與人建立關係的重要環節。而缺乏閒聊機會正是遠距工作的缺點。

為解決這個問題，建議大家可於會議開頭執行「新好消息分享法」。

我上研修課程時，也經常使這個方法來緩和氣氛、幫同學破冰。

「新好消息分享法」，顧名思義就是與成員分享最近發生的好消息，像是：

- 一週內發生的好事
- 最近令你開心的事
- 讓你感到幸運的事
- 近期新知

若與會人數較多，可改為分組發表，像是這次由A、B、C分享，下次就由D、E、F分享。

只要是新的好消息，則不限大小，內容不拘，即便是以下生活瑣事也照樣可以分享：

「昨天小孩對我說謝謝，我很高興。」
「最近買的○○非常好用。」
「我買了新衣服，心情很好。」
「有店家送了我小禮物。」

並預留時間讓其他成員對這些好消息做出反應：

「太好了！恭喜你！」

「然後呢然後呢？」

這樣不僅能看到同事的另一面，聊到興趣方面的話題時，若有人剛好興趣相同，還能提升雙方的親近感。

聽到這麼多正面分享，心頭自然是暖洋洋得，進而營造出更好發言的氛圍。

在疫情拉長的影響下，不少人都因爲環境變化而造成心理負擔，進而引發心理疾病，或因爲壓力而誘發蕁痲疹、不得不尋求皮膚科的幫助。

在這樣的大環境下，我們更應安排破冰時間，讓大家彼此分享快樂的事，讓職場氣氛變得更爲溫馨。

本章重點

☑「攻擊型表達者」的應對之道

- 言簡意賅，長話短說
- 冷靜面對情緒化說詞，對說法暫且接受，勿反應過度
- 客觀事實與主觀說詞應分開處理

☑「消極型表達者」的應對之道

- 留空白讓對方說話，以免讓對方感到壓力
- 放慢語速，輕聲細語，降低壓迫感（上司應特別留心）。

☑「被動式攻擊」的應對之道

- 這類人習慣推卸責任、做出令人費解的行為，應小心不被對方牽著鼻子走
- 糾正或責備時，應以事實為陳述主軸

☑ 如何改善消極型表達？

- 事前練習：寫出來、練習說說看
- 句子應簡潔有力，長話短說
- 說話時抬頭挺胸，說道重點處看著對方眼睛

☑ 投訴注意事項

- 告知發生何事、希望對方如何處理
- 心平氣和地說出感受

☑ 投訴處理技巧

- 提醒自己只是「客人與公司之間的橋樑、中間人」
- 先釐清對方的狀況、要求和感受，再展望未來，而非一味道歉
- 「取悅對方」並非最終目標

☑「屢勸不聽」的應對之道

- 確認自己是否有能力改變對方
- 擬定解決對策，思考今後該怎麼做、能做什麼

後記

人際和溝通是人類自古以來的共同課題，為了與人相處，我們可說是費盡了心思。

每天面對許許多多的人際煩惱，「自信溝通」和「憤怒管理」猶如兩盞明燈，只要學會這兩個方法，就能找到解決問題的關鍵線索。

我到各地上課、演講已將近三十年，期間收到過各式各樣的諮詢，也幫無數人進行了各種訓練。

令我感到驚訝的是，人類的表情變化居然如此之大！

每當有所開悟，人們就會露出安心的笑容，變得自信滿滿，甚至有人含淚嗚咽道：「我終於說出口了。」

如今人們對「溝通」的認知已截然不同於以往，企業整體環境也隨之發生了巨大變化。

本書收錄了我接觸過的各種案例，目的是爲了讓大家可以快速學以致用，在日常生活中實現自信溝通。遇到任何溝通問題，歡迎把本書當成教戰手冊，對症下藥！

最後，我想要藉這個機會，感謝與我一同完成本書的夥伴——

首先是日經ＢＰ的細谷和彥先生，謝謝你繼《憤怒管理》（日經文庫）一書後再次向我邀稿；再來是與我合作超過十年以上的出版夥伴——Silas consulting顧問股份有限公司的星野友繪小姐，謝謝妳剛生完小孩就義氣相挺，一路相伴；日本憤怒管理協會代表理事安藤俊介先生，謝謝你總是在背後鼓勵我前進，還特意幫我確認「美國的憤怒管理也包括自信溝通訓練」這條訊息。

另外，無意識偏見研究所的守屋智敬先生、太田博子小姐，謝謝你們大方讓我請教相關資訊。在此也要特別感謝我的好姐妹——荒井彌榮小姐。

謝謝大家。

最後我要感謝一路支持我寫完這本書的丈夫和兒子，謝謝你們一直都在。

戶田　久實

二〇二二年七月

參考文獻

- 《憤怒管理入門》（アンガーマネジメント入門，安藤俊介著／朝日文庫）
- 《「憤怒」操控法：憤怒管理執行講座》（「怒り」を上手にコントロールする技術 アンガーマネジメント実践講座，安藤俊介著／ＰＨＰ商務新書）
- 《改訂版　自我表達訓練法：讓你說話表達清楚流利》（改訂版 アサーション・トレーニング―さわやかな〈自己表現〉のために，平木典子著／金子書房）
- 《請這樣表達感受！讓說者舒坦聽者舒心的自信表達法》（気持ちが伝わる話しかた 自分も相手も心地いいアサーティブな表現術，森田汐生著／主婦之友社）
- 《無意識偏見管理術：優質領袖不會輕易相信自己》（アンコンシャス・バイアス」マネジメント最高のリーダーは自分を信じない，守屋智敬著／歡喜出版）
- 《憤怒管理》（拙作／日經文庫，中文版由晨星出版）

作者簡介：戶田久實（Toda Kumi）

現任Adot communication股份有限公司社長。一般社團法人日本憤怒管理協會理事。

畢業於立教大學，任職於大型企業後，轉換跑道成爲研習課程講師。曾爲銀行、保險、製藥、電信與貿易等大型民間企業及政府機關舉辦研習課程與演講活動，爲新進員工、主管與高階幹部傳授「暢達的溝通術」，對象廣泛。

從事講師一職已有30年。以「憤怒管理」、「坦誠溝通」及「阿德勒心理學」爲基礎，傳授「用字遣詞」的溝通術，博得好評。截至目前，學員累計多達22萬人，近幾年更參與大型媒體主辦的論壇，受邀上電視與廣播節目，更加活躍。

著有《憤怒管理》（晨星出版）、《生氣時，還可以從容表達的人才厲害》（方智出版）、《阿德勒教你如何說話被喜歡》（大樂文化）、《職業婦女的品格》（暫譯）、《超好懂商業入門情緒管理》（台灣東販）等。

國家圖書館出版品預行編目資料

自信溝通：人際管理三部曲. 2, 勇敢表達自己意見,即使生氣也可以不傷人的溝通技術 = Assertive communication / 戶田久實著；劉愛夌譯. -- 初版. -- 臺中市：晨星出版有限公司, 2024.12
面；公分. —（勁草生活；554）
譯自：アサーティブ・コミュニケーション
ISBN 978-626-320-940-4（平裝）
1.CST: 人際傳播 2.CST: 溝通技巧 3.CST: 人際關係

177.1　113012922

勁草生活 554

自信溝通（人際管理三部曲（2））：

勇敢表達自己意見，即使生氣也可以不傷人的溝通技術

アサーティブ・コミュニケーション

作者　戶田久實
譯者　劉愛夌
編輯　許宸碩
校對　許宸碩
封面設計　初雨有限公司（Ivy_design）
美術設計　黃偵瑜

創辦人　陳銘民
發行所　晨星出版有限公司
407 台中市西屯區工業 30 路 1 號 1 樓
TEL：（04）23595820
FAX：（04）23550581
https://star.morningstar.com.tw
行政院新聞局局版台業字第 2500 號
法律顧問　陳思成律師
出版日期　西元 2024 年 12 月 15 日　初版 1 刷

歡迎掃描 QR CODE
填線上回函

讀者服務專線　TEL：（02）23672044 /（04）23595819#212
FAX：（02）23635741 /（04）23595493
service @morningstar.com.tw
網路書店　https://www.morningstar.com.tw
郵政劃撥　15060393（知己圖書股份有限公司）

印刷　上好印刷股份有限公司

定價 350 **元**
ISBN 978-626-320-940-4